REALIEN ZUR LITERATUR

ABT. A:

LITERATURWISSENSCHAFT UND

GEISTESWISSENSCHAFTEN

KURT BAYERTZ

Wissenschaftstheorie und Paradigmabegriff

MCMLXXXI
J. B. METZLERSCHE VERLAGSBUCHHANDLUNG
STUTTGART

CIP-Kurztitelaufnahme der Deutschen Bibliothek

Bayertz, Kurt:
Wissenschaftstheorie und Paradigmabegriff /
Kurt Bayertz. – Stuttgart: Metzler, 1981.
(Sammlung Metzler; M 202: Abt. A, Literatur-
wiss. u. Geisteswiss.)
ISBN 3-476-10202-5
NE: GT

ISBN 3 476 10202 5

M 202

 Satz und Druck: Gulde-Druck, Tübingen
Printed in Germany

Inhaltsverzeichnis

Abkürzungen

Zitate werden im fortlaufenden Text durch den Autorennamen und die Seitenzahl des Werkes nachgewiesen; mehrere Titel desselben Autors werden durch ein zusätzliches Stichwort unterschieden. Die vollständigen Literaturangaben sowie Hinweise auf weitere Arbeiten finden sich im Anschluß an das jeweilige Kapitel. Dabei wurden häufig vorkommende Sammelbände durch folgende Sigeln abgekürzt:

KUE *Lakatos,* Imre/*Musgrave,* Alan (Hrsg.): Kritik und Erkenntnisfortschritt. Braunschweig 1974.

TWG *Diederich,* Werner (Hrsg.): Theorien der Wissenschaftsgeschichte. Beiträge zur diachronen Wissenschaftstheorie. Frankfurt/M. 1974.

WUR *Bayertz,* Kurt (Hrsg.): Wissenschaftsgeschichte und wissenschaftliche Revolution. Köln 1981.

Die Schriften von Thomas Kuhn werden fortlaufend im Text nach folgenden Sigeln zitiert:

AZL Anmerkungen zu Lakatos. In: *Diederich,* Werner (Hrsg.): Theorien der Wissenschaftsgeschichte. Beiträge zur diachronen Wissenschaftstheorie. Frankfurt/M. 1974 S. 120–134. Der Beitrag ist auch abgedruckt in: *Lakatos,* Imre/*Musgrave,* Alan (Hrsg.): Kritik und Erkenntnisfortschritt. Braunschweig 1974, S. 313–321.

BBT Black-Body Theory and the Quantum Discontinuity, 1894–1912. Oxford/New York 1978.

BMK Bemerkungen zu meinen Kritikern. In: *Lakatos,* Imre/*Musgrave,* Alan (Hrsg.): Kritik und Erkenntnisfortschritt. Braunschweig 1974, S. 223–269.

DEN Die Entstehung des Neuen. Studien zur Struktur der Wissenschaftsgeschichte. Hrsgg. v. Lorenz *Krüger.* Frankfurt/M. 1977.

DKR Die Kopernikanische Revolution. Braunschweig 1981.

PS Postskriptum – 1969. In: Thomas S. *Kuhn,* Die Struktur wissenschaftlicher Revolutionen. (2. Aufl.) Frankfurt/M. 1979, S. 186–221. Der Beitrag ist auch abgedruckt in: *Weingart,* Peter (Hrsg.): Wissenschaftssoziologie 1. Wissenschaftliche Entwicklung als sozialer Prozeß. Frankfurt/M. 1972, S. 287–319.

PWA Logik der Forschung oder Psychologie der wissenschaftlichen Arbeit? In: *Lakatos,* Imre/*Musgrave,* Alan (Hrsg.): Kritik und Erkenntnisfortschritt. Braunschweig 1974, S. 1–24.

SWR Die Struktur wissenschaftlicher Revolutionen. (2. Aufl.) Frankfurt/M. 1979.

TAS Theoriewandel als Strukturwandel. Bemerkungen über den Sneedschen Formalismus. In: *Bayertz,* Kurt (Hrsg.): Wissenschaftsgeschichte und wissenschaftliche Revolution. Köln 1981, S. 114–135.

Einleitung

Der vorliegende Band erhebt nicht den Anspruch, eine »Einführung in die Wissenschaftstheorie« zu sein, sofern man dabei an eine systematische Darstellung der Grundprobleme dieser Disziplin und ihrer verschiedenen Lösungsversuche denkt. Solche Darstellungen liegen vor und obwohl sie zahlreiche Wünsche offenlassen, sollte ihnen an dieser Stelle keine weitere hinzugefügt werden. Ihrem systematischen Anspruch folgend, tendieren solche Einführungen dazu, mehr oder weniger abgeschlossene Konzeptionen zu umreißen und auf diese Weise ein »abgerundetes« Bild der Wissenschaftstheorie zu zeichnen. Naturgemäß kann bei einer solchen Orientierung nur unzureichend zum Ausdruck kommen, daß die Wissenschaftstheorie gerade in den letzten anderthalb Jahrzehnten eine Phase heftiger Diskussionen und in ihrem Gefolge auch tiefgreifende Wandlungen durchgemacht hat. Aus diesem Grunde wird in dem vorliegenden Band bewußt auf einen systematischen Anspruch verzichtet. Obwohl entscheidende Grundprobleme der Wissenschaftstheorie und alternative Lösungsversuche dargestellt werden, sollte vor allem dem Eindruck entgegengewirkt werden, als seien klar umrissene Problemstellungen und unumstrittene Problemlösungen kennzeichnend für den gegenwärtigen Entwicklungsstand der Disziplin. In diesem Sinne ist das Ziel des Bandes nicht eine Einführung in *die* Wissenschaftstheorie, sondern in aktuelle wissenschaftstheoretische *Diskussionen* und noch unabgeschlossene Wandlungsprozesse.

Es liegt auf der Hand, daß ein solches Vorhaben nur exemplarisch möglich ist. Im Mittelpunkt des vorliegenden Bandes steht daher die Auseinandersetzung um Thomas S. Kuhns 1962 erschienenes Buch »Die Struktur wissenschaftlicher Revolutionen« und den darin entwickelten Begriff des Paradigmas. Kuhns Buch hat ein außergewöhnlich lebhaftes und kontroverses Echo hervorgerufen: es ist das zweifellos meistdiskutierte Werk der neueren Wissenschaftstheorie. In den wissenschaftstheoretischen Debatten seit Ende der 60er Jahre hat es als eine Art Katalysator gewirkt und sein Einfluß auf die Richtung dieser Debatten wird von manchen Interpreten als so hoch eingeschätzt, daß gesagt worden ist, das Buch stelle nicht nur eine Abhandlung *über* wissenschaftliche Revolutionen dar, sondern habe selbst eine solche Revolution (in der Wissenschaftstheorie) herbeigeführt. Und auch Kuhn selbst hat im einleitenden Kapitel des Buches von einer »Revolution in der Untersuchung der Wissenschaft« (SWR 17) gesprochen, ohne sich selbst allerdings als ihren alleinigen Urheber auszugeben. Wie immer man die Kuhnsche Position beurteilen mag, fest steht, daß die um sie entbrannte Auseinandersetzung weitreichende Folgen für die Entwicklung der Wissenschaftstheorie gehabt hat.

»Für die Erforschung der Wissenschaft, insbesondere auch die Wissenschaftsphilosophie, markiert das Werk Thomas Kuhns einen wichtigen Einschnitt: vor-Kuhnsche und nach-Kuhnsche Wissenschaftsbetrachtung erweisen sich im Gesamtgepräge nach Zielsetzung, Thematik und Methoden als zunehmend deutlicher unterschiedene Unternehmungen.« (Krüger S. 7)

Dabei reicht der Einfluß der Kuhnschen Wissenschaftstheorie weit über die professionellen Wissenschaftstheoretiker und ihre Disziplin hinaus. Begriffe wie »Paradigma«, »Revolution« oder »normale Wissenschaft« sind in den Sprachschatz beinahe aller eingedrungen, die überhaupt über Wissenschaft reden. Besonderen Anklang haben die Kuhnschen Ansichten aber unter Kultur- und Sozialwissenschaftlern gefunden. Bereits 1969 hat Hans Robert Jauß den Paradigmabegriff Kuhns auf die Literaturgeschichte angewandt und einen »Paradigmawechsel in der Literaturwissenschaft« proklamiert (Jauß). Desgleichen ist in der Linguistik versucht worden, Kuhnsche Konzepte anzuwenden (Kanngießer) und in noch größerem Ausmaß in Soziologie und Politologie (vgl. Bernstein S. 169–191).

Es darf aber nicht übersehen werden, daß diese Versuche zur Übertragung Kuhnscher Ideen und Begriffe durchaus problematisch sind. Kuhns Theorie steht in der Tradition der angelsächsischen *philosophy of science* und der englische Begriff »science« kann durch den deutschen Begriff »Wissenschaft« nicht exakt wiedergegeben werden: »science« meint nämlich ausschließlich (oder zumindest in erster Linie) die *exakten* Wissenschaften, d.h. Mathematik, Logik, Physik, Chemie etc. Die Kultur- und Sozialwissenschaften fallen daher nicht unter »science«, es sei denn in Wortverbindungen wie »social science« oder »moral science«. Viele Mißverständnisse in wissenschaftstheoretischen Fragen rühren daher, daß in deutschen Übersetzungen englischsprachiger Werke »science« umstandslos mit »Wissenschaft« übersetzt wird. Kuhns Buch befaßt sich dementsprechend ausschließlich mit den Naturwissenschaften und auch hier ausschließlich mit der »Grundlagenforschung« (vgl. DEN 316, 322) und allen Versuchen zur Anwendung seiner Ideen auf andere wissenschaftliche Disziplinen ist er mit Skepsis begegnet (PS 219f.). Andererseits sind auch von Kultur- und Sozialwissenschaftlern Bedenken gegen solche Versuche geäußert worden, weil sie allzu leicht dazu führen, die Unterschiede zwischen den verschiedenen Wissenschaftstypen zu verwischen (für die Literaturwissenschaft vgl. Pollmann S. 163–171).

Es gibt zwei Ursachen dafür, daß gerade die Wissenschaftstheorie Kuhns so großen Widerhall bei Kultur- und Sozialwissenschaftlern gefunden hat. Zum einen bringt Kuhn nach der jahrzehntelangen Vorherrschaft ahistorischer Konzeptionen in starkem Maße die *geschichtliche Dimension* der Wissenschaft ins Spiel; damit ergaben sich für die Kultur- und Sozialwissenschaften sofort zahlreiche Anknüpfungspunkte, die bei der »vor-Kuhnschen Wissenschaftstheorie« nicht bestanden hatten. Die zweite Voraussetzung der weitläufigen Kuhn-Rezeption gerade in den Kultur- und Sozialwissenschaften liegt in der relativen *Unbestimmtheit* vieler seiner Ideen und vor allem in der *definitorischen Verschwommenheit* seiner zentralen Begriffe (vgl. Baldamus). Diese Verschwommenheit ist besonders charakteristisch für den Begriff »Paradigma«, der nicht umsonst zu einer Art wissenschaftstheoretischem Gemeinplatz geworden ist. Kuhn selbst ist diese Problematik keineswegs entgangen:

»Vor etlichen Jahren wurde mein Buch *Die Struktur wissenschaftlicher Revolutionen* veröffentlicht. Die Reaktionen waren verschiedenartig und gelegentlich heftig, doch das Buch wird weiter viel gelesen und erörtert. Im großen und ganzen bin ich sehr erfreut über das Interesse, das es erregt hat, und auch über einen großen Teil der Kritik. Doch eine Seite der Reaktionen bestürzt mich bisweilen. Wenn ich Gespräche insbesondere zwischen Anhängern des Buches hörte, konnte ich manchmal kaum glauben, daß alle Teilnehmer von demselben Buch sprachen. Ein Teil seines Erfolges, so muß ich mir mit Bedauern sagen, rührt daher, daß fast jeder alles herauslesen kann, was er will. An dieser übermäßigen Formbarkeit ist nichts an dem Buch so stark verantwortlich wie die Einführung des Ausdrucks ›Paradigma‹ [...]« (DEN 389; vgl. auch PS 186, 187).

Gerade im Lager der Kultur- und Sozialwissenschaften sind zahlreiche Kuhn-Interpreten Opfer dieser »übermäßigen Formbarkeit« geworden und viele Anwendungen seiner Konzeption in diesen Disziplinen beruhen auf Mißverständnissen.

Angesichts dessen muß jedem Versuch, die Kuhnsche Wissenschaftstheorie für die Kultur- und Sozialwissenschaften fruchtbar zu machen, eine Rekonstruktion ihrer grundlegenden Annahmen und Behauptungen vorausgehen. Eine solche Rekonstruktion wird im folgenden zu geben versucht. Dabei wird sich im Ergebnis herausstellen, daß jede kurzschlüsse Übertragung nicht nur die Intentionen Kuhns verfehlt, sondern vor allem die Erfordernisse einer *allgemeinen* d.h. Natur- und Gesellschaftswissenschaften umfassenden Wissenschaftstheorie. Damit soll nicht gesagt sein, daß Kuhns Überlegungen für eine solche allgemeine Wissenschaftstheorie irrelevant seien; aber sie sind nicht der Zauberschlüssel, den manche in ihr offenbar gesehen haben. Als eine von vornherein auf die Naturwissenschaften zugeschnittene Konzeption kann die Kuhnsche Wissenschaftstheorie keinesfalls die eigenständige Selbstreflexion in den Gesellschaftswissenschaften ersetzen, zumal sie im Hinblick auf die Naturwissenschaften nicht frei von Problemen ist. Zu den Charakteristika eines großen Teiles der Kuhn-Rezeption gehört nämlich der bisweilen recht naive Glaube, daß hier nun endlich eine empirisch abgesicherte und ihrem Gegenstand voll und ganz gerecht werdende Theorie der Wissenschaft vorgelegt worden sei. Wenn der Schwerpunkt der vorliegenden Arbeit auf der Darstellung der Auffassungen Kuhns liegt, so wurde dabei eine *kritische Darstellung* angestrebt, die vor dem Hintergrund der intensiven Kuhn-Debatte der letzten Jahre versucht, die Leistungen seiner Konzeption ebensosehr herauszuarbeiten wie ihre Grenzen.

Mit dem Stichwort »Kuhn-Debatte« (vgl. die bibliographischen Hinweise bei Welter S. 227–231) ist ein Problem angesprochen, vor dem jede Darstellung der Wissenschaftstheorie Kuhns in besonderem Maße steht: es ist der Kontext dieser Theorie. Damit ist zum einen die lebhafte und folgenreiche Diskussion gemeint, die Kuhn mit seinem Essay über die Struktur wissenschaftlicher Revolutionen provoziert hat; diese Diskussion konnte im folgenden nicht in ihrer Gesamtheit dargestellt werden, aber es war unumgänglich, zumindest einige ihrer Stränge zu verfolgen, um zumindest einen Eindruck von ihrer Wirkung zu geben und das Interesse verständlich zu machen, das diese Diskussion auch über die Grenzen der akademischen Disziplin »Wissenschaftstheorie« hinaus gefunden hat. Auch hat Kuhn selbst in diese Debatte eingegriffen und zu kritischen Einwänden gegen seine Auffassungen Stellung genommen, sei es in der Absicht, sie zu entkräften, oder sei es, daß er die Kritik positiv aufgenommen und zur Weiterentwicklung seiner Theorie benutzt hat. Diese Stellungnahmen sind von großer Bedeutung für das Verständnis der Kuhnschen Position, weil in ihnen viele Aspekte unter dem Eindruck der Kritik deutlicher herausgearbeitet sind, als in den ursprünglichen Formulierungen des Kuhnschen Essays. Nicht weniger wichtig für das Verständnis der Kuhnschen Wissenschaftstheorie sind ihre *Voraussetzungen.* Die Ansichten Kuhns haben sich in einem bestimmten, in hohem Maße positivistisch beeinflußten Kontext herausgebildet; und auch wenn Kuhn sich kritisch gegen diesen Kontext wendet und versucht, die Schranken des positivistischen Wissenschaftsverständnisses produktiv zu überwinden, so haben die Voraussetzungen, an die er anknüpft, dennoch seinen Standpunkt in hohem Maße geprägt. In gewissem Sinne ist sein ganzes Buch zum Revolutionsproblem eine teils explizite, größeren teils aber implizite Auseinandersetzung mit der positivistischen Wissenschaftstheorie. Eine zumindest umrißhafte Darstellung dieser Theorie war daher unumgänglich.

Literatur

Bernstein, Richard J.: Restrukturierung der Gesellschaftstheorie. Frankfurt/M. 1979.

Baldamus, W.: Das exoterische Paradox der Wissenschaftsforschung. Ein Beitrag zur Wissenschaftstheorie Ludwik Flecks. In: Zeitschrift für allgemeine Wissenschaftstheorie X/2 (1979), S. 213–233.

Jauss, Hans Robert: Paradigmawechsel in der Literaturwissenschaft. In: Linguistische Berichte H. 3 1969, S. 44–56.

Kanngießer, Siegfried: Spracherklärungen und Sprachbeschreibungen. In: *Wunderlich,* Dieter (Hrsg): Wissenschaftstheorie der Linguistik. Kronberg/Ts. 1976, S. 106–160. (Vgl. auch die Diskussion S. 161–172).

Krüger, Lorenz: Vorwort des Herausgebers. In: *Kuhn,* Thomas S.: Die Entstehung des Neuen. Studien zur Struktur der Wissenschaftsgeschichte. Herausgegeben von Lorenz Krüger. Frankfurt/M. 1977, S. 7–29.

Pollmann, Leo: Literaturwissenschaft und Methode. (2. Aufl.), Frankfurt/M. 1973.

Welter, Rüdiger: Bibliographie zur Selbstthematisierung der Wissenschaft. In: *Burrichter,* Clemens (Hrsg.): Grundlegung der historischen Wissenschaftsforschung, Basel/Stuttgart 1979, S. 213–266.

I. Wissenschaftstheorie im Wandel

1. Wissenschaftstheorie ist so alt wie die Wissenschaft selbst. Seitdem es Wissenschaft gibt, ist immer wieder versucht worden, ein theoretisches Verständnis dessen zu entwickeln, was Wissenschaft ist, worin die Besonderheit ihrer Methoden besteht und welchen Zielen sie dient oder dienen solle. Wissenschaftstheoretische Überlegungen dieser Art finden wir bereits in der Antike bei Philosophen wie Platon und Aristoteles, in der Neuzeit bei Bacon und Descartes und später bei Kant und Hegel. Auch in den Werken vieler Wissenschaftler finden sich immer wieder Reflektionen über die Grundlagenprobleme ihres Fachgebietes oder der Wissenschaft allgemein: zu nennen sind hier Autoren wie Galilei, Newton, Helmholtz, Planck oder Einstein. (Einen historischen Überblick über die Entwicklung der Wissenschaftstheorie gibt Losee.)

Aber weder in der philosophischen Traditionslinie des wissenschaftstheoretischen Denkens, noch in der Selbstreflexion der Wissenschaftler auf ihre Tätigkeit stellt sich die Wissenschaftstheorie zunächst als eine eigenständige Disziplin dar. In den philosophischen Systemen wird die Wissenschaft meist im Rahmen der Metaphysik und später der Erkenntnistheorie behandelt; und auch bei den Wissenschaftlern selbst war Wissenschaftstheorie kein selbständiges Feld theoretischer Forschung, sondern blieb ein »Nebenprodukt« der wissenschaftlichen Praxis. Diese Situation änderte sich erst in der zweiten Hälfte des 19. Jh.s, als sich unter dem Eindruck stürmischer Erfolge der Naturwissenschaften die Ansicht durchsetzte, daß die Wissenschaften nicht nur *eine* spezifische Form menschlicher Erkenntnis darstellen, die sich von den übrigen Formen der Erkenntnis durch ihr methodisches Vorgehen und den systematischen Aufbau ihrer Ergebnisse unterscheidet, sondern daß sie als *die* vorbildliche und allgemeingültige Form des menschlichen Erkennens angesehen werden müssen. Vor dem Hintergrund der beeindruckenden theoretischen Erfolge der Naturwissenschaften (vor allem der Physik, die mit der Wärme- und Energielehre, der kinetischen Gastheorie und der Elektrizitätslehre in neue Dimensionen vorgestoßen war; der Chemie, die sich nach Lavoisier in neuen Bahnen bewegte; und der Biologie, der Darwin einen neuen Horizont aufgedeckt hatte) und vor allem ihrer praktischen Erfolge, die sich nach der industriellen Revolution in nahezu allen Lebensbereichen bemerkbar zu machen begannen, wurde die Wissenschaft zum Inbegriff menschlicher Erkenntnisfähigkeit und zu einem Standard der Rationalität, der für alle anderen Formen des Denkens maßgeblich sein sollte. In der Folge nahm nicht nur die Zahl philosophischer Arbeiten zu, die die Wissenschaft zum Gegenstand hatten; es gewann darüber hinaus auch die Auffassung an Einfluß, daß die Analyse der Erkenntnisweise der Wissenschaft eine zentrale, wenn nicht *die* zentrale Aufgabe der Philosophie sei. Damit waren die Voraussetzungen gegeben, daß die Wissenschaftstheorie sich als eine eigenständige philosophische Disziplin herausbilden konnte.

Das historische Verdienst, diese Verselbständigung der Wissenschaftstheorie endgültig vollzogen und die neue Disziplin akademisch etabliert zu haben, gebührt einer Gruppe von Philosophen und Naturwissenschaftlern, die sich Ende der 20er Jahre unseres Jahrhunderts um den Philosophen Moritz Schlick in Wien zusammengefunden hatte. Diese unter dem Namen »Wiener Kreis« bekannt gewordene Gruppe begründete eine der einflußreichsten philosophischen und vor allem wissenschaftstheoretischen Richtungen unseres Jahrhunderts: den *logischen Positivismus* (auch: »logischer Empirismus« oder »Neopositivismus«). Das philosophische Programm des »Wiener Kreises« (vgl. den folgenden Abschnitt) setzte sich in der Folgezeit vor allem in den angelsächsischen Ländern immer stärker durch und wurde hier zur absolut dominierenden Strömung, indem es einerseits schrittweise modifiziert und gelockert, andererseits über die Wissenschaftstheorie hinaus auf die Ethik, die Geschichts- und Sprachphilosophie ausgedehnt wurde. Für diese aus dem logischen Positivismus hervorgegangene Denkrichtung bürgerte sich später die Bezeichnung *analytische Philosophie* (vgl. die detaillierte systematische Gesamtdarstellung von Stegmüller, Probleme) ein.

Über einen Zeitraum von mehr als dreißig Jahren hatte diese analytische Philosophie eine solche Vormachtstellung vor allem im Bereich der Wissenschaftstheorie, daß der Ausdruck »Wissenschaftstheorie« (englisch: philosophy of science) als gleichbedeutend mit »analytische Wissenschaftstheorie« gelten konnte. Dies ist nicht nur deshalb von Belang, weil andere philosophische (z.B. marxistische, existentialistische) Theorien über die Wissenschaft nicht als »Wissenschaftstheorie« in diesem Verständnis des Wortes gelten konnten, sondern weil sich darüber hinaus auch eine besondere, sehr enge Definition der *Aufgaben* der Wissenschaftstheorie durchgesetzt hat. Im Rahmen der analytischen Philosopie unterliegt die Wissenschaftstheorie nämlich zwei einschneidenden Beschränkungen: sie hat sich erstens ausschließlich mit »science«, d.h. mit den »exakten« Wissenschaften zu befassen (und so weit sie sich mit nicht-exakten Wissenschaften wie Soziologie oder Literaturwissenschaft befaßt, hat sie diese nach dem Vorbild der exakten

Wissenschaften zu analysieren); zweitens hat sich die Wissenschaftstheorie ausschließlich auf die logischen und methodologischen Aspekte der Wissenschaft zu konzentrieren. Betrachten wir diese zweite Beschränkung des Aufgabengebiets der Wissenschaftstheorie näher, so ergibt sich, daß er zu einem bestimmten Typ von Fragen führt, die an die Wissenschaft gestellt werden:

- Welche logische Struktur haben wissenschaftliche Theorien?
- Welche Methoden können oder müssen bei der Überprüfung wissenschaftlicher Aussagen angewandt werden?
- Welche logische Form haben wissenschaftliche Erklärungen und welche Funktion kommt Gesetzesaussagen in ihnen zu?
- In welchem Verhältnis stehen Theorie und Erfahrung im Aufbau wissenschaftlicher Theorien?

Es liegt auf der Hand, daß dieser Typ von Fragen, den die analytische Philosophie stellt, bei weitem nicht das gesamte Spektrum der Probleme abdeckt, die sich im Hinblick auf ein umfassendes theoretisches Verständnis der Wissenschaft stellen. Die Wissenschaft erscheint in diesem Fragenkatalog als ein bloßes System von Erkenntnissen und die Aufgabe der Wissenschaftstheorie beschränkt sich auf die logische Analyse dieser Erkenntnisse; alle Fragen, die sich auf die geschichtliche Entwicklung der Wissenschaft und auf ihre Stellung und Bedeutung in der Gesellschaft beziehen, sind ausgeklammert. Es fehlen z.B. Fragen wie die folgenden:

- Welche Auswirkungen hat die Wissenschaft auf die Lebensbedingungen der Menschen?
- Welche Wechselbeziehungen bestehen zwischen der Wissenschaft und anderen Formen ideeller Betätigung der Menschen (Kunst, Religion, Philosophie)?
- Welche Bedeutung hat die soziale Herkunft der Wissenschaftler und ihre gesellschaftliche Stellung für die Entwicklung der Wissenschaft?
- Welche Rolle spielt die Institutionalisierung einer wissenschaftlichen Disziplin (z.B. ihre Anerkennung als akademisches Prüfungsfach) für die Entwicklung dieser Disziplin?
- Welchen Einfluß üben gesellschaftliche und politische Auseinandersetzungen auf die Wissenschaft aus?
- Welche Möglichkeiten besitzen gesellschaftliche Institutionen (Staat, Wirtschaft, Interessenverbände), die Entwicklungsrichtung der Wissenschaft zu lenken?

Es ist leicht einzusehen, daß diese Fragen für das Verständnis des Wesens der Wissenschaft nicht weniger wichtig sind, als die von der analytischen Philosopie gestellten Fragen nach den methodologischen Grundlagen und der logischen Struktur der Wissenschaft. Bereits am Beginn der Neuzeit haben sich Philosophen wie Bacon und Descartes solchen gesellschaftlichen Aspekten der Wissenschaft zugewandt und im 19. Jh. haben so verschiedene Denker wie Comte und Marx ähnliche Fragen behandelt. Doch schon die Vertreter des »Wiener Kreises« haben sich von dieser Traditionslinie wissenschaftstheoretischen Denkens distanziert und den Forschungsbereich dessen, was sie als Wissenschaftstheorie gelten lassen wollten, auf Fragen der Logik und der Methodologie beschränkt. Die in dem zweiten Fragenkatalog angesprochenen Probleme wurden daher entweder von anderen *philosophischen* Richtungen, soweit sie sich mit Wissenschaft befaßt haben, behandelt; oder sie wurden von unterschiedlichen *Fachwissenschafen* wie Wissenschaftsgeschichte, Wissenschaftssoziologie etc. aufgegriffen.

Unter diesen Bedingungen hat sich infolge der langjährigen Monopolstellung der analytischen Philosophie eine strenge Trennung zwischen zwei Dimensionen der Wissenschaftsanalyse herausgebildet: auf der einen Seite steht die (philosophische) Wissenschafts*theorie*, die sich mit der Wissenschaft als einem System von logisch verbundenen Aussagen beschäftigt; und auf der anderen Seite eine Gruppe von Fachwissenschaften, für die sich in den letzten Jahren die Sammelbezeichnung Wissenschafts*forschung* (oder auch: Wissenschafts*wissenschaft*) durchgesetzt hat, die sich mit allen übrigen die Wissenschaft betreffenden Fragen befaßt (zum Verhältnis von Wissenschaftstheorie und Wissenschaftsforschung vgl. Laitko S. 20–57, Mittelstraß, Weingart, sowie die bei Welter S. 252–257 angegebene Literatur). Nun ist eine solche Trennung so lange unproblematisch, wie sie als eine pragmatische Arbeitsteilung verstanden wird, die eine spätere Integration der Ergebnisse nicht aus-, sondern einschließt. Genau dies allerdings war nicht der Fall: anstatt Wissenschaftstheorie und Wissenschaftsforschung als einander ergänzende Forschungsrichtungen anzusehen, die komplementäre Aspekte der Wissenschaft zum Gegenstand haben, behaupteten die Vertreter der analytischen Philosophie die völlige gegenseitige Irrelevanz von philosophischer und fachwissenschaftlicher Analyse der Wissenschaft. Die logische Struktur wissenschaftlicher Theorien oder die intersubjektive Gültigkeit eines Arguments, so hieß es, sei völlig unabhängig von den historischen Umständen ihrer Entstehung, von den psychologischen Motiven ihrer Schöpfer oder von ihren Auswirkungen auf die Lebensbedingungen der Menschen, sondern allein eine Frage der Logik.

Die strikte Trennung der logisch-philosophischen von der empirisch-fachwissenschaftlichen Wissenschaftsanalyse wurde allerdings im Laufe der 60er Jahre mehr und mehr als ein ernsthaftes Hindernis für die Entwicklung eines umfassenden und adäquaten theoretischen Verständnisses der Wissenschaft erkannt. Innerhalb der analytischen Philosophie selbst kam zu Bewußtsein, daß die Beschränkung auf logisch-methodologische Fragen und die Ausklammerung aller empirischen Aspekte zu einem völlig unrealistischen Bild der Wissenschaft geführt hatte. In Reaktion darauf entstand eine zunächst kleine, dann aber schnell an Einfluß und Anhängern zunehmende Gruppe von Wissenschaftstheoretikern, die sich kritisch gegen grundlegende Annahmen der analytischen Philosophie wandten und sich um den Entwurf und die Ausarbeitung eines nicht-positivistischen Wissenschaftsverständnisses bemühten. Eine wichtige Rolle in dieser Bewegung spielten Wissenschaftstheoretiker, die ein starkes Interesse an der *Geschichte* der Wissenschaft hatten und die unhistorische Betrachtungsweise der analytischen Philosophie daher als ein Hindernis empfinden mußten. Bereits 1962 hatte Thomas Kuhn in seinem einflußreichen Buch »Die Struktur wissenschaftlicher Revolutionen« die Ansicht vertreten, daß die Wissenschaftsgeschichte, wenn sie nur ernsthaft zur Kenntnis genommen und theoretisch verarbeitet wird, »eine entscheidende Verwandlung im Bild der Wissenschaft, wie es uns zur Zeit gefangen hält, bewirken« kann (SWR 15). Die breite Rezeption dieser Ansicht hat in den folgenden Jahren entscheidend dazu beigetragen, daß die analytische Philosophie in Frage gestellt und von neuen Konzeptionen ersetzt wurde (vgl. Suppe).

2. Bevor wir uns dem von Kuhn prognostizierten und zum Teil auch entworfenen neuen Bild der Wissenschaft zuwenden, müssen die grundlegenden Annahmen der analytischen Philosophie kurz umrissen werden. Diese Annahmen gehen zurück auf den logischen Positivismus des »Wiener Kreises« (vgl. die Textsammlung von Schleichert, die Darstellungen von Kraft und Stegmüller, Hauptströmungen; sowie die kritischen Analysen von Krauth und Schnädelbach). Dessen Mitglieder waren sich einig in der Bewunderung der Erfolge der Naturwissenschaften, insbesondere der Physik, die mit der Entdeckung der Quantentheorie und der Relativitätstheorie seit der Jahrhundertwende eine Periode revolutionärer Neuerungen durchgemacht hatte. Für die Mitglieder des »Wiener Kreises« galten diese Erfolge als ein Vorbild gesicherten Erkenntnisfortschritts, dem andere Gebiete menschlichen Denkens wie die Philosophie (aber auch die Kultur- und Sozialwissenschaf-

ten) nichts Vergleichbares entgegenzusetzen hatte; hier herrschte eine Anarchie konkurrierender Schulen, Strömungen und Systeme, die alle für sich in Anspruch nahmen, die grundlegenden Probleme ihres Fachs gelöst zu haben, ihren Konkurrenten aber genau diesen Anspruch bestritten. Während es in der Philosophie über einen Zeitraum von mehr als zweitausend Jahren nicht gelungen war, eine Einigung über die Grundlagenprobleme herzustellen und das Chaos der widerstreitenden Lehrmeinungen zu beseitigen, boten die Naturwissenschaften ein völlig anderes Bild: selbst wenn es auch hier zeitweilige Gegensätze zwischen unterschiedlichen Theorien gab, so setzt sich am Ende doch immer wieder *eine* der rivalisierenden Auffassungen durch; diese wird in der Folgezeit von allen kompetenten Wissenschaftlern anerkannt und erlangt damit *intersubjektive Gültigkeit.* Die gesicherten Erkenntnisse, die in diesen intersubjektiv gültigen Theorien enthalten sind, können dann im Laufe der Zeit akkumuliert werden, so daß ein wachsender Fundus gesicherter Naturerkenntnis entsteht.

Die Mitglieder des »Wiener Kreises« befaßten sich vornehmlich mit der Frage, wodurch die naturwissenschaftlichen Theorien diesen Status intersubjektiver Gültigkeit erlangen. Ihrer Auffassung nach muß er auf eine spezifisch wissenschaftliche Einstellung zurückgeführt werden, die sich in den Naturwissenschaften herausgebildet habe: man beschränke hier nämlich alle theoretischen Anstrengungen auf die Lösung einer bestimmten Art von Problemen. Ein Physiker, der vorgibt, ein beliebiges Problem seines Fachs gelöst zu haben, kann mit der Anerkennung dieser Lösung durch seine Kollegen nur dann rechnen, wenn seine Behauptungen erstens logisch stichhaltig sind und sich zweitens durch Beobachtung oder Experiment beweisen lassen. Da traditionelle philosophische Probleme nur spekulative Lösungen haben, die weder logisch noch empirisch überprüfbar sind, kann über sie auch nie intersubjektive Einigung erzielt werden. Die naturwissenschaftlichen Probleme hingegen haben Lösungen, die durch *Logik* und durch *Empirie* erhärtet werden können: da hier nur beweisbare Behauptungen aufgestellt werden, ist auch eine intersubjektive Einigung über diese Behauptungen immer möglich.

Für die Wissenschaftstheorie des »Wiener Kreises« sind daher zwei Grundsätze charakteristisch. Der erste Grundsatz könnte als das *Prinzip des Empirismus* bezeichnet werden: eine Behauptung (oder ein Begriff) ist nur dann wissenschaftlich sinnvoll und hat nur dann Anspruch auf intersubjektive Anerkennung, wenn sie empirisch beweisbar, d.h. verifizierbar ist. Mit dieser Forderung nach Verifizierbarkeit aller Sätze glaubten die Vertreter des »Wiener

Kreises« eine scharfe Grenzlinie zwischen wissenschaftlichen (= rationalen) und unwissenschaftlichen (= metaphysischen) Aussagen ziehen zu können. Alle nicht-verifizierbaren Aussagen sollten aus der Wissenschaft eliminiert werden; und andererseits sollte sich die Rationalität der Wissenschaft gerade darin zeigen, daß sie sich auf solche Aussagen beschränkt, die durch Erfahrung bewiesen werden können. Der zweite Grundsatz des »Wiener Kreises« ist das *Prinzip des Logizismus*. Es besagt, daß nur solche Aussagen und Aussagensysteme als wissenschaftlich und rational gelten können, die in der Sprache der formalen Logik exakt formuliert werden können. Man sah in der formalen Logik eine neutrale Plattform, auf der Meinungsverschiedenheiten auf rationale Weise beigelegt werden können. Sobald solche Meinungsverschiedenheiten über eine bestimmte wissenschaftliche Aussage entstehen, sollte mit Hilfe der logischen Analyse diese Aussage in ihre Bestandteile zerlegt und auf die Erfahrung zurückgeführt werden; es mußte sich dann ja zeigen, ob sie logisch korrekt formuliert war und ob sie durch die Erfahrung verifiziert wurde. Auf diese Weise erschien die logische Analyse als ein entscheidendes Hilfsmittel für die Herstellung intersubjektiver Einigung über wissenschaftliche Aussagen.

Von diesen beiden Prinzipien mußte das erste schnell fallengelassen oder zumindest erheblich modifiziert werden: die wichtigsten Aussagen, die die Wissenschaft überhaupt macht, die wissenschaftlichen Gesetze, sind in der von den Vertretern des »Wiener Kreises« postulierten Form nicht verifizierbar. Diejenigen Wissenschaftstheoretiker, die an den programmatischen Zielen des »Wiener Kreises« festhielten, mußten daher die Forderung nach Verifizierbarkeit aller Aussagen fallenlassen und andere methodologische Verfahren ausarbeiten, durch die die empirische Überprüfbarkeit wissenschaftlicher Aussagen sichergestellt werden sollte. Das zweite Prinzip hingegen wurde von diesen Wissenschaftstheoretikern beibehalten: auch sie gingen davon aus, daß als rational nur solche Aussagen oder Aussagensysteme (Theorien) gelten können, die sich in der logischen Analyse als korrekt erweisen. Diese Betonung der logischen Analyse, die aus dem Programm des »Wiener Kreises« übernommen wurde, ist der Grund, warum diese Wissenschaftstheoretiker der analytischen Wissenschaftstheorie zugerechnet werden. Bei allen sonstigen Differenzen, die zwischen den Vertretern der analytischen Wissenschaftstheorie bestehen, sind diese sich einig

(a) in der *Zielstellung* der Wissenschaftstheorie: diese soll den besonderen Erfolg der Naturwissenschaften philosophisch erklären und diese Erklärung fruchtbar machen für alle jene theoretischen

Unternehmungen, die eine den Naturwissenschaften vergleichbare Rationalität noch nicht erreichen konnten, vor allem die Philosophie und die Sozialwissenschaften; eine Übertragung der naturwissenschaftlichen Verfahrensweisen auf diese Disziplinen aber ist natürlich nur dann möglich, wenn exakte Kriterien für die Unterscheidung zwischen Wissenschaft und Metaphysik vorliegen: diese Kriterien zu ermitteln, ist das Ziel der analytischen Wissenschaftstheorie; ihre Aufgabe ist daher *normativer* Natur: sie hat die Kriterien festzulegen, die jedes Aussagensystem erfüllen muß, das als wissenschaftliche Theorie Anspruch auf intersubjektive Gültigkeit erhebt.
(b) über den *Weg*, auf dem dieses Ziel erreicht werden soll: nur die von der *formalen Logik* bereitgestellten Methoden der Analyse bieten eine allgemeingültige Basis, auf der unabhängig von Zeit und Ort darüber entschieden werden kann, ob eine vorliegende Aussage Anspruch auf intersubjektive Gültigkeit hat oder nicht; Rationalität ist daher in erster Linie eine Frage der Logik, denn sie allein stellt exakte und unwandelbare Beurteilungskriterien bereit, die von jedermann anerkannt werden müssen.
(c) über den *Gegenstand* der Wissenschaftstheorie: mit Hilfe der logischen Analyse können nur die formalen Beziehungen zwischen wissenschaftlichen Sätzen untersucht werden; der Weg, auf dem diese Sätze gebildet werden, ist dagegen für die Logik nicht zugänglich; die analytische Wissenschaftstheorie untersucht daher ausschließlich die logischen Beziehungen zwischen vorliegenden wissenschaftlichen Sätzen, d.h. sie analysiert den *»Begründungszusammenhang«* zwischen diesen Sätzen; der Vorgang des Aufstellens dieser Sätze, ihr *»Entstehungszusammenhang«*, ist demgegenüber Gegenstand anderer Disziplinen, die sich mit der Wissenschaft befassen (Wissenschaftsgeschichte, Wissenschaftssoziologie, Wissenschaftspsychologie); anders ausgedrückt: weil die analytische Wissenschaftstheorie als einzig legitimes Instrument der philosophischen Analyse die formale Logik anerkennt, kann sie sich nur mit fertigen Resultaten (Sätzen) der wissenschaftlichen Tätigkeit befassen, nicht aber mit dieser Tätigkeit selbst.

Vor diesem Hintergrund wird verständlich, daß Kuhn eine grundsätzliche Neuorientierung der Wissenschaftstheorie im Sinn hat, wenn er im ersten Kapitel seines Buches schreibt, das bisher vorherrschende Bild der Wissenschaft sei »in erster Linie nach dem Studium abgeschlossener wissenschaftlicher Leistungen gezeichnet worden«; demgegenüber sei das Ziel seines Buches der »Entwurf der ganz anderen Vorstellung von der Wissenschaft, wie man sie aus geschichtlich belegten Berichten über die Forschungstätigkeit selbst gewinnen kann« (SWR 15). Kuhn nimmt also von vornherein eine *neue Bestimmung des Gegenstandes* der Wissenschaftstheorie vor: sie soll sich nicht mehr auf die logische Analyse fertiger Theorien beschränken, sondern »die Forschungstätigkeit selbst« mit einbeziehen, d.h. jene psychologischen, soziologischen etc. Vorgänge, die den Entstehungszusammenhang wissenschaftlicher Aussagen konstituieren.

Diese Neubestimmung des Gegenstandes der Wissenschaftstheorie ist das Resultat der Erfahrungen, die Kuhn während seiner Beschäftigung mit der Wissenschafts*geschichte* machte. Kuhn war zunächst selbst von den Positionen der analytischen Wissenschaftstheorie ausgegangen und kam dann durch einen Zufall in Berührung mit der Geschichte der Wissenschaft (SWR 7). Dabei stellte er eine tiefe Diskrepanz zwischen den von ihm damals vertretenen wissenschaftstheoretischen Auffassungen und der realen Theorie und Praxis der Naturwissenschaften vergangener Zeiten fest. Die Art und Weise, in der Wissenschaft in der Vergangenheit betrieben wurde, ließ sich mit den Postulanten der analytischen Wissenschaftstheorie nicht in Übereinstimmung bringen (SWR 7; DEN 32ff., 51ff.). Anstatt daraus die – aus analytischer Sicht einzig mögliche – Schlußfolgerung zu ziehen, daß es sich bei diesen älteren Formen der Wissenschaft noch nicht um Wissenschaft handelte (sondern um Vorformen, die noch von metaphysischen Restbeständen durchsetzt waren), zog Kuhn die entgegengesetzte Konsequenz: wenn die von der analytischen Wissenschaftstheorie aufgestellten Kriterien der Rationalität auf die betreffenden Phasen der Wissenschaftsgeschichte nicht anwendbar sind, dann muß der Fehler nicht unbedingt in der Wissenschaftsgeschichte gesucht werden, sondern in den Grundsätzen der analytischen Wissenschaftstheorie. Anstatt z.B. die mittelalterliche Physik als »irrational« zu erklären, weil sie den heutigen Rationalitätskriterien nicht genügt, stellt Kuhn die Frage, ob diese Rationalitätskriterien nicht dann notwendig unrealistisch und anachronistisch werden, wenn sie auf längst vergangene Zeiten angewandt werden. Kuhn nimmt seine Erfahrungen und Erkenntnisse als Wissenschafts*historiker* damit zum Anlaß für eine grundlegende Revision der herrschenden (und auch von ihm bis dahin vertretenen) analytischen Wissenschaftstheorie. Er beginnt, sich systematisch mit der Wissenschaftsgeschichte zu befassen und sein Essay SWR ist der Versuch, vor dem Hintergrund langjähriger historischer Forschungen eine neue Interpretation der Wissenschaftsgeschichte, d.h. ein neuartiges »Modell« der Wissenschaftsentwicklung und auch des philosophischen Wesens der Wissenschaft zu entwerfen. Dieses Modell weicht in wesentlichen Zügen von den Ansichten der analytischen Wissenschaftstheorie ab.

(a) Kuhn geht von der Geschichte der Wissenschaft aus und entwickelt seine Konzeption auf der Grundlage von Analysen über die tatsächliche Vorgehensweise der Wissenschaftler; sein Ansatzpunkt ist daher *empirisch* und orientiert sich an der realen Wissenschaft, wie sie sich in der Geschichte zeigt. Für die Vertreter der analytischen Wissenschaftstheorie ging es demgegenüber darum, zunächst einmal festzulegen, was als »Wissenschaft« gelten kann und wie sie von der Metaphysik abgegrenzt werden muß; ihre Vorgehensweise war demgemäß *normativ*, insofern sie auf die Festsetzung von Kriterien der Wissenschaftlichkeit und der Rationalität abzielten.

(b) Indem Kuhn von der Wissenschaftsgeschichte ausgeht, ist sein Ziel von vornherein ein Modell der Wissenschafts*entwicklung* zu entwerfen; die Vertreter der analytischen Wissenschaftstheorie waren demgegenüber ausschließlich an der logischen Analyse der *Struktur* wissenschaftlicher Theorien interessiert. Dem entspricht auf der einen Seite eine Auffassung, nach der sich der Begriff »Wissenschaft« vor allem auf die Tätigkeit, auf das Hervorbringen von Erkenntnissen bezieht; während auf der anderen Seite der Begriff »Wissenschaft« ausschließlich auf die fertigen Produkte, auf Theorien und Sätze, angewandt wurde.

(c) Nach Auffassung der analytischen Wissenschaftstheorie gibt es nur *eine einzige* Rationalität, die nicht nur universell, sondern auch historisch unwandelbar ist; die Basis dieser Rationalität ist die formale Logik. Für Kuhn beruht diese Ansicht auf einer Illusion: unter verschiedenen historischen Bedingungen kann das angemessene wissenschaftliche Verhalten völlig andere Formen annehmen; es gibt daher nicht eine, sondern verschiedene, *historischen Veränderungen unterworfene »Rationalitäten«*. Es ist aus diesem Grunde auch nicht möglich, eine eindeutige und exakte Grenzlinie zwischen Wissenschaft und Metaphysik zu ziehen: alle wissenschaftlichen Theorien enthalten »metaphysische« (d.h. unverifizierbare) Elemente und der Versuch, sie zu eliminieren, würde auf die Zerstörung der Wissenschaft hinauslaufen.

3. Im Zusammenhang mit Kuhns SWR hat sich in den angelsächsischen Ländern seit Ende der 60er Jahre eine breite antipositivistische Strömung herausgebildet, die seitdem immer mehr an Einfluß gewonnen und die analytische Wissenschaftstheorie zurückgedrängt hat (vgl. Bayertz). Vertreter dieser in vielen Punkten durchaus uneinheitlichen Strömung sind neben Thomas Kuhn

vor allem Stephen Toulmin, Paul K. Feyerabend, Norwood R. Hanson u. a.: für sie alle ist ein stärker historisch orientiertes Wissenschaftsverständnis, vor allem eine historisch differenzierte Beurteilung der Rolle von Logik und Empirie charakteristisch. Galten die Naturwissenschaften in der positivistischen Tradition stets als leuchtendes Vorbild für eine durch die zwingenden Schlußfolgerungen der formalen Logik erzielte und auf eine sichere Basis harter Tatsachen gestützte Rationalität, so ist das Pendel inzwischen eher zu der gegenteiligen Ansicht ausgeschlagen, daß die naturwissenschaftliche Rationalität so unbefleckt nicht ist, wie man lange Zeit geglaubt hatte. Auch die exakt genannten Naturwissenschaften sind demnach ein menschlich-allzumenschliches Unternehmen (vgl. vor allem Feyerabend), wie es in einer Kurzgeschichte Stanislaw Lems treffend beschrieben wird:

»Der Konstrukteur Trurl erbaute einmal eine Maschine, die alles herstellen konnte, was mit dem Buchstaben *n* begann ... Da lud er den Konstrukteur Klapauzius zu sich ein, stellte ihn der Maschine vor und lobte überschwenglich ihre außerodentlichen Fähigkeiten – bis dieser schließlich wütend wurde und darum bat, ihr selber etwas aufzutragen. ›Bitte sehr‹, sagte Trurl, ›aber es muß auf *n* sein.‹ ›Auf *n*?‹ fragte Klapauzius. ›Schön, dann soll sie Naturwissenschaften klopfen.‹ Die Maschine erzitterte, grunzte und alsbald füllte sich der Platz vor Trurls Domizil mit einer *n*-Zahl von Naturwissenschaftlern. Sie rauften sich die Haare, schrieben in dicke Bücher, einige griffen nach ihnen und rissen sie in Fetzen; in der Ferne loderten Scheiterhaufen, auf denen die naturwissenschaftlichen Märtyrer schmorten, hie und da explodierte etwas, entwickelten sich seltsame Dämpfe in Gestalt von Pilzen; alle redeten durcheinander, so daß niemand ein Wort verstand, manche verfaßten hastig Denkschriften, Petitionen und Resolutionen; ein wenig abseits wiederum, vor den Füßen der Gestikulierer, hockten ein paar Greise und schrieben etwas mit winzigen Buchstaben auf Papierfetzen. ›Nicht schlecht, was?‹ rief Trurl entzückt aus. ›Die holde Naturwissenschaft, wie sie leibt und lebt!‹«

Es ist zweifellos dieses etwas weniger Ehrfurcht erregende Bild der Wissenschaft, wie es von Kuhn und seinen antipositivistischen Kollegen gezeichnet wird, wodurch vielen Vertretern der Sozial- und Kulturwissenschaften das Kuhnsche Wissenschaftsmodell als so attraktiv erscheint. Die analytische Wissenschaftstheorie mit ihrer Betonung von Logik und Rationalität war demgegenüber von den realen Verhältnissen in den Sozial- und Kulturwissenschaften oftmals von vornherein so weit entfernt, daß sie in geringerem Maße Orientierungen für diese Disziplinen zu geben vermochte. Obwohl auch die Darstellung Kuhns ganz auf die Naturwissenschaften zugeschnitten ist, scheint sie dennoch weit eher auf die Sozial- und Kulturwissenschaften übertragbar zu sein, weil sie nicht so eng an der formalen Logik und an einer Unterscheidung zwischen Wissenschaft und Philosophie (»Metaphysik«) orientiert ist, einer Unterscheidung, die in diesen Disziplinen faktisch kaum durchgeführt werden kann.

Ein zumindest ebenso wichtiger Grund für die Anziehungskraft der Kuhnschen Wissenschaftsauffassung in den Kultur- und Sozialwissenschaften besteht in der *historischen* Dimension des Kuhnschen Modells. Die analytische Wissenschaftstheorie hatte dieser Dimension der Wissenschaft nicht nur wenig Beachtung geschenkt: sie hatte die geschichtliche Entwicklung der Wissenschaft als philosophisch bedeutungslos angesehen, denn für sie zählt nur das fertige Erkenntnis-Resultat der Wissenschaft, während der Weg, auf dem dieses Resultat gewonnen wurde und die Entwicklung, die das Resultat durchläuft als bloß zufällige Erscheinungen gelten. Mag diese strenge Unterscheidung zwischen dem Resultat und seiner Geschichte in einzelnen naturwissenschaftlichen Disziplinen wie der Physik eine gewisse Plausibilität haben, so erweist sich jeder Versuch, sie auf die Soziologie, die Ökonomie oder die Literaturwissenschaft zu übertragen, als von vornherein undurchführbar. Keine der bedeutenden Theorien in diesen Disziplinen kann angemessen verstanden und beurteilt werden, wenn man den historischen Kontext ihrer Entstehung und Entwicklung völlig außer acht läßt. Indem die analytische Wissenschaftstheorie die historische Dimension der Wissenschaft philosophisch eliminierte, setzte sie ihrer Anwendung auf die Kultur- und Sozialwissenschaften daher enge Grenzen; und allen Vertretern dieser Disziplinen, die sich nach einer auf sie anwendbaren wissenschaftstheoretischen Konzeption umsahen, bot sich das Kuhnsche Modell als ein Durchbruch in die zuvor versperrte Dimension der Geschichte an.

Für den Erfolg der Kuhnschen Wissenschaftstheorie in den Kultur- und Sozialwissenschaften, aber auch unter Wissenschaftstheoretikern und in der an Problemen der Wissenschaft interessierten Öffentlichkeit können über die theoretisch-systematischen Gründe auch nicht-theoretische Ursachen angegeben werden. *Zum ersten* hat sicherlich das Schwinden des technokratischen Vertrauens in einen unmittelbaren Zusammenhang zwischen dem wissenschaftlich-technischen und dem gesellschaftlichen Fortschritt die positivistisch orientierte Wissenschaftstheorie in den Augen vieler obsolet gemacht und dadurch zugleich »realistischeren« Wissenschaftsauffassungen wie der Kuhnschen den Weg geebnet; in diesem Sinne steht die intensive Kuhn-Rezeption der letzten Jahre sicherlich in engem Zusammenhang mit dem eher kritischen als euphorischen Wissenschaftsverständnis, das sich im Zuge der Ökologie-Debatte herausgebildet hat. Ein *zweiter* Grund ist in dem populären und eingängigen Argumentationsstil des Kuhnschen Revolutions-Buches zu sehen; während die Werke von Vertretern der analytischen Wissenschaftstheorie durch den ausführlichen Gebrauch logischer Hilfsmittel oft sehr »technisch« und trocken wirken, hat Kuhn nicht nur auf logische Darstellungsmethoden verzichtet, sondern darüber hinaus großen Wert auf Beispiele gelegt, die seinen Gedankengang illustrieren und ihm vor allem den Anschein einer festen empirischen Fundierung in der Wissenschaftsgeschichte geben. Nicht zufällig charakterisiert Kuhn selbst sein Buch als einen »Essay« (SWR 7); Ohne diese Tendenz zu einer nicht-technischen, popularisierenden Tendenz des Kuhnschen Werkes, ist sein Rezeptionserfolg nicht vollständig erklärbar. Eine *dritte* Ursache für die Attraktivität des Kuhnschen Modells mag schließlich auch in seiner Hervorhebung wissenschaftlicher Revolutionen zu suchen sein. Zunächst einmal sind Revolutionen natürlich immer »interessant«: die Wissenschaft bekommt einen Hauch von Abenteuer, denn auch der normale Wissenschaftler kann nun seine Tätigkeit in dem Bewußtsein ausführen, an einem Unternehmen mitzuwirken, das nicht nur einfach wächst wie eine Pflanze, sondern hin und wieder auch kracht und dampft wie ein Vulkan. Gerade im Hinblick auf die Vertreter der Kultur- und Sozialwissenschaften kann man vermuten, daß diese Vorstellungen auf sie einen besonderen Reiz ausübt, denn in diesen Disziplinen üben immer diejenigen Theorien den größten Einfluß aus, die die einschneidendsten Neuerungen mit sich bringen. Kuhns Wissenschaftsmodell offeriert somit die hoffnungsvolle Möglichkeit revolutionärer Wendungen, die der Wissenschaftsentwicklung immer neue Kontinente eröffnen und es entfällt damit der Zwang, die gegenwärtige Form der Wissenschaft, die in mancherlei Hinsicht Grund zur Unzufriedenheit gibt, für ihre einzig mögliche halten zu müssen.

Literatur

Bayertz, Kurt: Wissenschaft als historischer Prozeß. Die antipositivistische Wende in der Wissenschaftstheorie. München 1980.

Feyerabend, Paul K.: Wider den Methodenzwang. Skizze einer anarchistischen Erkenntnistheorie. Frankfurt/M. 1976.

Kraft, Viktor: Der Wiener Kreis. Der Ursprung des Neopositivismus. Ein Kapitel der jüngsten Philosophiegeschichte. 2. Aufl., Wien/New York 1968.

Krauth, Lothar: Die Philosophie Carnaps. Wien/New York 1970.

Laitko, Hubert: Wissenschaft als allgemeine Arbeit. Zur begrifflichen Grundlegung der Wissenschaftswissenschaft. Berlin (DDR) 1979.

Lem, Stanislaw: Noch einmal gerettet. In: Zeitmagazin vom 6. April 1979.
Losee, John: Wissenschaftstheorie. Eine historische Einführung. München 1977.
Mittelstraß, Jürgen: Theorie und Empirie der Wissenschaftsforschung. In: *Burrichter,* Clemens (Hrsg.): Grundlegung der historischen Wissenschaftsforschung. Basel/Stuttgart 1979, S. 71–106.
Schleichert, Hubert: Logischer Empirismus – Der Wiener Kreis. Ausgewählte Texte mit einer Einleitung. München 1975.
Schnädelbach, Herbert: Erfahrung, Begründung und Reflexion. Versuch über den Positivismus. Frankfurt/M. 1971.
Stegmüller, Hauptströmungen der Gegenwartsphilosophie. Eine kritische Einführung. 4. Aufl., Stuttgart 1969.
Stegmüller, Wolfgang: Probleme und Resultate der Wissenschaftstheorie und Analytischen Philosophie. 1. Band: Wissenschaftliche Erklärung und Begründung. 2. Band: Theorie und Erfahrung; 1. Halbband: Begriffsformen, Wissenschaftssprache, empirische Signifikanz und theoretische Begriffe; 2. Halbband: Theorienstrukturen und Theoriendynamik. Berlin/Heidelberg/New York 1970ff.
Suppe, Frederick: The Search for Philosophic Understanding of Scientific Theories. In: *Suppe,* Frederick (Hrsg.): The Structure of Scientific Theory. 2. Aufl. 1977, S. 3–241. Vgl. auch das umfangreiche Afterword – 1977 in demselben Band, S. 617–730.
Welter, Rüdiger: Bibliographie zur Selbstthematisierung der Wissenschaft. In: *Burrichter,* Clemens (Hrsg.): Grundlegung der historischen Wissenschaftsforschung. Basel/Stuttgart 1979, S. 213–266.
Weingart, Peter: Wissenschaftsforschung und wissenschaftssoziologische Analyse. In: *Weingart,* Peter (Hrsg.): Wissenschaftssoziologie 1. Wissenschaftliche Entwicklung als sozialer Prozeß. Frankfurt/M. 1972, S. 11–42.

4. Die Anfänge einer wissenschaftlichen Disziplin sind in den meisten Fällen durch die Konkurrenz von wissenschaftlichen Schulen gekennzeichnet, die über die richtige Auffassung ihres Fachgebietes debattieren. Es herrscht in dieser Frühphase einer Wissenschaft weder Einigkeit über das Wesen der betreffenden Naturphänomene, noch über die richtigen Methoden ihrer Erforschung. Dieser intensive Streit über die Grundlagenprobleme des Faches wird erst beendet, wenn ein theoretischer Entwurf auftritt, der seinen Konkurrenten überlegen ist und den beteiligten Forschern als so attraktiv und leistungsfähig erscheint, daß sie ihn sich mehrheitlich zu eigen machen. Die uns heute bekannten naturwissenschaftlichen Disziplinen wie Physik, Chemie und Biologie, sowie die meisten ihrer Unterdisziplinen (Kuhn behandelt in SWR 26–28 das Beispiel der physikalischen Optik und 28/29 und 32/33 das Beispiel der Elektrizitätslehre) haben diesen Übergang in das Stadium der Reife längst geschafft (vgl. die Untersuchung von Böhme/van den Daele). Mit der Annahme eines theoretischen Entwurfs durch die Mehrheit der Wissenschaftler werden die Auseinandersetzungen über die Grundlagenprobleme des Faches beendet; der Entwurf ist so überzeugend, daß er als theoretische und methodische Grundlage für die weitere Arbeit in der betreffenden Disziplin allgemein anerkannt wird. Eine solche wissenschaftliche Leistung, die allgemeine Anerkennung findet, bezeichnet Kuhn mit dem Begriff *Paradigma*.

Von der Wortbedeutung her heißt »Paradigma« zunächst nichts anderes als »Beispiel« oder »Muster«; in der Sprachwissenschaft werden mit diesem Begriff bestimmte Deklinations- oder Konjugationsmuster bezeichnet, nach denen die anderen Wörter derselben Klasse flektiert werden: in der lateinischen Grammatik z.B. ist die Reihe »amo, amas, amat, amamus, amatis, amant« das übliche Paradigma der a-Konjugation (SWR 37). Im wissenschaftstheoretischen Kontext wurde dieser Begriff erstmalig von G. Chr. Lichtenberg (1742–1799) gebraucht und in unserem Jahrhundert dann vor allem von L. Wittgenstein in seinen *Philosophischen Untersuchungen* (z.B. § 50) eingeführt. (Zur Geschichte des Paradigma-Begriffs vgl. St. Toulmin, Kritik S. 131f.).

Wenn sich in einem wissenschaftlichen Fachgebiet ein Paradigma allgemein durchgesetzt hat, so tritt ein doppelter Effekt ein:

(a) Betrachten wir zunächst die *inhaltlichen* Vorstellungen über die jeweiligen Naturphänomene, so tritt mit der Durchsetzung eines Paradigmas eine Vereinheitlichung dieser Vorstellungen ein; die zahlreichen miteinander unvereinbaren Konzeptionen verschwinden (oder existieren nur noch als Kuriositäten fort) und mit ihnen die Meinungsverschiedenheiten über das Wesen der jeweils zu untersuchenden Naturphänomene: es setzt sich eine einheitliche Überzeugung über den Forschungsgegenstand und über die Methodik seiner Erforschung durch (z.B. über die Frage, welche Arten von Beobachtungen und Experimenten geeignet sind, Aufschluß über den Forschungsgegenstand zu gewinnen).

(b) Betrachten wir nicht die inhaltlichen Überzeugungen, die in dem Fachgebiet vertreten werden, sondern *die Beziehungen der dort tätigen Personen* untereinander, so ergibt sich ein ähnliches Bild: es erfolgt mit der Durchsetzung eines Paradigmas eine Vereinheitlichung. An die Stelle der rivalisierenden Schulen und Einzelgänger tritt eine Gemeinschaft von Wissenschaftlern, die sich über die Grundlagen ihrer Arbeit einig sind; ist eine bestimmte wissenschaftliche Leistung einmal als paradigmatisch anerkannt, so eignen sich die Wissenschaftler diese Leistung an und geben sie ihren Schülern weiter; nach Ablauf einer gewissen Zeit werden dann nur noch solche Forscher auf dem betreffenden Gebiet tätig sein, die im Geiste des Paradigmas ausgebildet (»sozialisiert«) worden sind und die nie eine andere Konzeption näher kennengelernt haben (es sei denn als Beispiel für längst »überwundene« Ansichten); die wissenschaftliche Gemeinschaft wird so zu einer homogenen Gruppe mit einheitlichen fachlichen Urteilen.

In einer vorläufigen, noch zu ergänzenden Begriffsbestimmung kann daher festgehalten werden: mit dem Begriff Paradigma wird *die Gesamtheit dessen* bezeichnet, *was eine wissenschaftliche Gemeinschaft verbindet.* Dabei ist zu beachten, daß die durch das Paradigma hergestellten Gemeinsamkeiten zwischen den beteiligten Forschern auf zwei Ebenen liegen: insofern das Paradigma einen Grundstock an wissenschaftlichen Überzeugungen über das Wesen des Forschungsgegenstandes und die methodischen Wege seiner Erforschung bereitstellt, sind die Gemeinsamkeiten *kognitiver* Natur; insofern auf der Basis des Paradigmas bestimmte Beziehungen zwischen den betreffenden Wissenschaftlern entstehen, die sich von den Gemeinschaftsstrukturen der »vorparadigmatischen« Frühphase des jeweiligen Fachgebietes unterscheiden, sind die durch das Paradigma gestifteten Gemeinsamkeiten *sozialer* Natur.

Weil der Paradigma-Begriff in seiner Deutung durch Kuhn eine Vielzahl verschiedener kognitiver Momente und darüber hinaus noch eine soziale Dimension umfaßt, ist er nicht durch den Ausdruck »Theorie« ersetzbar. Dennoch benutzt Kuhn in SWR an zahlreichen Stellen den Begriff »Theorie«, wo strenggenommen »Paradigma« stehen müßte. Nach Baldamus (S. 221) kommt in der englischen Originalfassung von SWR der Ausdruck

»scientific theories« 111 mal vor, »scientific paradigms« hingegen nur 109 mal. Diese begriffliche Unschärfe ist so lange unproblematisch, wie der Leser sich der Differenz der Begriffe »Theorie« und »Paradigma« bewußt bleibt; gleichwohl ist es bei der genaueren Interpretation einzelner Textpassagen aus SWR sowie auch anderer Schriften Kuhns notwendig, zu prüfen, was genau gemeint ist, wenn etwa der Begriff »Theorie« gebraucht wird. Das gleiche gilt im übrigen auch für den Begriff »Paradigma«, der von Kuhn in zwei unterschiedlichen Bedeutungen verwendet wird, für die er in PS die Ausdrücke »disziplinäre Matrix« und »Musterbeispiel« einführt; auch hier ist bei jeder genauen Interpretation einzelner Passagen aus SWR zu fragen, in welchem Sinne der Paradigma-Begriff in ihr verwendet wird.

5. Der Paradigmabegriff, wie Kuhn ihn in SWR entwickelt, ist schon sehr früh auf Kritik gestoßen. In einer 1964 erschienenen Rezension von SWR hat D. Shapere den Einwand erhoben, daß der Begriff zu weit gefaßt sei, wenn er alle Elemente einschließen soll, die eine wissenschaftliche Disziplin auf einer bestimmten Stufe ihrer Entwicklung enthält. Nach Shapere ist der Erklärungswert des Paradigmabegriffs aufgrund dieser Breite zweifelhaft: so wie Kuhn argumentiert, sei die Behauptung, daß ein Paradigma die Gesamtheit der die Forschung leitenden Faktoren umfasse, nicht so sehr auf die Analyse der tatsächlichen Wissenschaftspraxis gestützt, ihre Wahrheit werde vielmehr per definitionem gewährleistet, indem der Umfang des Begriffs extrem ausgeweitet werde (Shapere, 385). Der Vorwurf Shaperes lautet mit anderen Worten: Kuhn definiere zunächst das Paradigma als die Gesamtheit der Gemeinsamkeiten einer wissenschaftlichen Gruppe, um dann behaupten zu können, daß jede wissenschaftliche Gemeinschaft über ein Paradigma verfügt, das als Leitfaden ihrer Forschungstätigkeit fungiert. Eine solche Begriffsbestimmung aber wäre offenkundig zirkulär.

In eine ähnliche Richtung zielt die Kritik St. Toulmins. Toulmin akzeptiert durchaus die Fruchtbarkeit des Paradigmabegriffs, insoweit dieser die Gesamtheit der intellektuellen Voraussetzungen zum Ausdruck bringt, von denen die wissenschaftliche Tätigkeit jeweils ausgehen muß. Toulmin hatte in seinem Buch *Voraussicht und Verstehen*, das bereits ein Jahr vor Kuhns SWR erschien, diesen Begriff selbst gebraucht, allerdings nicht mit einer so starken Betonung des systematischen Charakters von Paradigmen. Nach Toulmin darf der kognitive Inhalt einer wissenschaftlichen Disziplin nicht als ein absolut kohärentes System von Anschauungen aufgefaßt werden; die Überbetonung der Systematizität wissenschaftlicher Disziplinen (die Toulmin nicht nur an Kuhns Deutung des Paradigma-Begriffs, sondern auch an der analytischen Wissenschaftstheorie kritisiert, die die Wissenschaft als ein einheitliches logisches System zu rekonstruieren versucht) unterschlägt, daß diese im Normalfall eher als ein lockeres Aggregat lose miteinander verbundener Begriffe, Theorien und methodischer Prinzipien sind, die jeweils ihre eigene Geschichte haben und auch einzeln verändert und neuen Problemsituationen angepaßt werden können. In diesem Sinne ist Kuhns Verwendung des Paradigma-Begriffs einseitig und wird der wirklichen Struktur wissenschaftlicher Disziplinen nach Toulmin nicht gerecht (Toulmin, Kritik S. 155). – Auf diese Überbetonung der Systematizität wissenschaftlicher Fachgebiete werden wir im folgenden Kapitel noch näher eingehen müssen, da sie in der Tat ein in verschiedener Hinsicht grundlegendes Charakteristikum der Kuhnschen Wissenschaftstheorie ist.

In einer philologisch detaillierten Analyse kam 1966 M. Masterman zu dem Ergebnis, daß der Paradigmabegriff in SWR in 21 verschiedenen Varianten gebraucht werde, die in drei große Gruppen zerfallen (M. Masterman, 61 ff.):
(a) die erste Bedeutung des Paradigmabegriffs ist philosophischer Art; gemeint sind hier jene Passagen, in denen Kuhn davon spricht, daß eine Wissenschaft stets »Glaubenselemente« (SWR 17) einschließt, oder daß ein Paradigma unser Weltbild, die ganze Art und Weise, wie wir die Realität wahrnehmen, determiniert (SWR 123 ff.); Kuhn will in diesen Formulierungen offenbar zum Ausdruck bringen, daß das Paradigma die Wissenschaftler mit einer Art Weltanschauung ausstattet, d. h. mit theoretischen Auffassungen allgemeinster Art, die nicht unmittelbares Resultat von Erfahrungen sind, aber andererseits Inhalt und Umfang der Erfahrungen dieser Wissenschaftler beeinflussen; M. Masterman spricht daher (in Anlehnung an den Metaphysik-Begriff der analytischen Philosophie) von *metaphysischen Paradigmen* oder *Metaparadigmen.*

(b) Die zweite Bedeutung des Paradigmabegriffs bezieht sich auf die soziale Struktur der wissenschaftlichen Gemeinschaft; in diesem Sinne bezeichnet Kuhn Paradigmen als »allgemein anerkannte wissenschaftliche Leistungen, die für eine gewisse Zeit einer Gemeinschaft von Fachleuten maßgebende Probleme und Lösungen liefern« (SWR 10); indem sie die allgemein anerkannte Grundlage für die wissenschaftliche Arbeit in einem Fachgebiet darstellen, sind Paradigmen nicht nur der Inbegriff der Gemeinsamkeiten, durch die die Forscher des betreffenden Gebietes zu einer Gemeinschaft werden: vielmehr gewinnt das Paradigma eine *normative* Bedeutung, die darauf beruht, daß es den Forschern vorschreibt, welche wissenschaftlichen Vorgehensweisen legitim sind und welche nicht; das Paradigma stellt daher ein starkes Netz von Verpflichtungen (SWR 56) dar, die dem Wissenschaftler den Rahmen seiner Forschungsstrategie vorschreiben; es besteht also eine enge Parallele zwischen einem Paradigma und den gesellschaftlichen Institutionen (SWR 104ff.), die den Mitgliedern der betreffenden Gesellschaft Handlungsformen auferlegen; M. Masterman spricht in diesem Zusammenhang daher von *soziologischen Paradigmen.*

(c) Die dritte Bedeutung des Paradigmabegriffs bezieht sich darauf, daß in der Wissenschaft häufig eine »konkrete wissenschaftliche Leistung« (SWR 26) als Vorbild oder Modell für Problemlösungen in anderen Bereichen genommen wird (ein instruktives Beispiel aus dem Alltagsleben gibt Kuhn in DEN 404–414; ein physikalisches Beispiel wird in PS 199ff. dargestellt; wir werden darauf noch zurückkommen); es handelt sich also darum, daß ein bestimmtes wissenschaftliches Problem so behandelt wird, als sei es ein Spezialfall eines anderen Problems, für das eine paradigmatische Lösung bereits vorliegt: so wie in der lateinischen Sprache jedes Verb der a-Deklination nach dem Paradigma »amo, amas, amat ...« gebeugt werden kann. In dieser Funktion dient das Paradigma als Werkzeug der Forschung. M. Mastermann bezeichnet diese Paradigmen als *konstruierte Paradigmen;* eine glücklichere Bezeichnung hat Kuhn später gewählt, als er von »Musterbeispielen« (PS 198) sprach.

6. Auf diese (und andere) kritische Einwände gegen die zentrale Kategorie seines Buches hat Kuhn in zwei Arbeiten reagiert: im Postskriptum zur zweiten Auflage seines Buches über die Struktur wissenschaftlicher Revolutionen (PS) und in dem Aufsatz »Neue Überlegungen zum Begriff des Paradigma« (DEN 389–420). Dabei räumt er zunächst ein, daß das lebhafte und z.T. außerordentlich kritische Echo, das sein Buch gefunden habe, auch auf die Unklarheiten seines Paradigmabegriffs zurückgeführt werden muß. »Ein Teil des Erfolges (von SWR – K. B.), so muß ich mir mit Bedauern sagen, rührt daher, daß fast jeder alles herauslesen kann, was er will. An dieser übermäßigen Formbarkeit ist nichts an dem Buch so stark verantwortlich wie die Einführung des Ausdrucks ›Paradigma‹, eines Wortes, das in ihm nach den grammatischen Partikeln das häufigste ist« (DEN 389). Trotz dieses Eingeständnisses möchte Kuhn an seinen Ansichten weitgehend festhalten (PS 186), allerdings nicht ohne gewisse Korrekturen, die er in den beiden genannten Arbeiten entwickelt.

Zunächst stellt Kuhn dar, wie er die zirkuläre Beziehung zwischen den Begriffen »Paradigma« einerseits und »wissenschaftliche Gemeinschaft« andererseits vermeiden will. In SWR war das Paradigma ja als die Gesamtheit dessen bezeichnet worden, was den Mitgliedern einer wissenschaftlichen Gemeinschaft gemeinsam ist; und umgekehrt war eine wissenschaftliche Gemeinschaft definiert worden als eine Gruppe von Forschern, die demselben Paradigma anhängen. In einer Neufassung von SWR würde Kuhn einen anderen Weg einschlagen, um das Verhältnis von Paradigma und wissenschaftlicher Gemeinschaft zu klären. Dieser Weg nimmt seinen Ausgangspunkt bei der wissenschaftlichen Gemeinschaft und ihrer genauen Identifikation. Doch was ist eine wissenschaftliche Gemeinschaft? Es gibt Gemeinschaften auf verschiedenen Ebenen: die umfassendste ist die Gemeinschaft aller Naturwissenschaftler; diese Gemeinschaft kann aufgeteilt werden in die der Physiker, der Chemiker, der Biologen etc.; unterhalb dieser Disziplinen gibt es noch kleinere Gruppen, die sich mit hochspezialisierten Forschungsgegenständen befassen und »Gemeinschaften dieser Art sind Einheiten, die dieses Buch (SWR – K. B.) als Erzeuger und Prüfer wissenschaftlicher Erkenntnisse dargestellt hat«. (PS 189)

Sobald nun eine solche wissenschaftliche Gemeinschaft ohne Rückgriff auf die inhaltlichen Gemeinsamkeiten ihrer Mitglieder identifiziert ist (in PS 189 und DEN 391 f. skizziert Kuhn die Methoden, die eine solche Identifikation ermöglichen), können nun die theoretischen und methodischen Gemeinsamkeiten zwischen den Mitgliedern der betreffenden Gemeinschaft bestimmt werden: und die Gesamtheit dieser Gemeinsamkeiten, die in SWR als »Paradigma« bezeichnet worden waren, kennzeichnet Kuhn nunmehr als »disziplinäre Matrix« (DEN 392) bzw. in einer anderen Übersetzung desselben Begriffs »disziplinäres System« (PS 194): »›disziplinär‹, weil auf den gemeinsamen Besitz der Fachleute einer bestimmten Disziplin hingewiesen wird; ›System‹, weil es aus verschiedenartigen geordneten Elementen zusammengesetzt ist, die alle genauer angegeben werden müssen« (PS 194). Dabei sind vier Hauptbestandteile zu nennen:

(a) *symbolische Verallgemeinerungen;* sie sind die formalen oder formalisierbaren Elemente der disziplinären Matrix, wie etwa das zweite Newtonsche Gesetz k=mb.

(b) *Gemeinsame Modelle;* hier kann es sich um Vorstellungen übergreifender (philosophischer) Art handeln, wie z.B. die atomistische Auffassung, daß die gesamte Natur aus kleinsten Teilchen zusammengesetzt ist; aber auch um heuristische Modelle, wie die Deutung des Stromkreises als eines gleichbleibenden hydrodynamischen Systems.

(c) *Gemeinsame Werte;* sie sagen dem Wissenschaftler, welchen

Grad an Präzision er bei seinen Messungen oder Voraussagen erreichen muß, oder daß die angestrebten Theorien eine gewisse Einfachheit und Eleganz haben müssen.

(d) *Musterbeispiele;* hierbei handelt es sich um konkrete Problemlösungen, die den Studenten in ihrer Ausbildung als vorbildlich für alle ähnlich gearteten Problemlösungen vorgestellt werden; hier handelt es sich also um »Paradigmen« im wörtlichen Sinne.

7. Soweit der Paradigma-Begriff durch den Ausdruck »disziplinäre Matrix« ersetzt werden soll, bezeichnet er die Gesamtheit der kognitiven Elemente, die den Mitgliedern einer wissenschaftlichen Gemeinschaft gemeinsam sind; er umfaßt damit die von M. Masterman unterschiedenen »metaphysischen« und »soziologischen« Paradigmen. Der Ausdruck »disziplinäre Matrix« bezieht sich zwar unmittelbar auf eine jeweilige Konstellation von kognitiven Elementen, da es sich dabei jedoch immer um Elemente handelt, die von den Mitgliedern einer wissenschaftlichen Gemeinschaft geteilt werden, ist ihm die soziale Dimension per definitionem inhärent. Es bleibt damit noch die dritte Bedeutungsvariante, die M. Masterman herausgearbeitet hatte und die Kuhn später mit dem Begriff »Musterbeispiel« (PS 198) belegt. Bei diesen Musterbeispielen handelt es sich um eine bestimmte Komponente der disziplinären Matrix, nämlich um jene beispielhaften Problemlösungen, die die Mitglieder einer wissenschaftlichen Gemeinschaft schon während ihrer professionellen Ausbildung als vorbildlich kennengelernt haben. Die begriffliche Konfusion in SWR bestand darin, daß die disziplinäre Matrix und die Musterbeispiele unter dem einheitlichen Namen »Paradigma« miteinander vermengt worden waren; diese Konfusion war dann auch, wie Kuhn in PS schreibt, der Anlaß für eine Reihe schwerwiegender Mißverständnisse und Fehlinterpretationen seiner Ansichten. In jedem Fall aber sei davon auszugehen, daß die engere Bedeutung des Paradigma-Begriffs »philosophisch wenigstens [...] die tiefere« (PS 186f.) ist. Aus diesem Grund verdienen die Musterbeispiele auch eine eingehendere Erläuterung als die übrigen Bestandteile der disziplinären Matrix: »Das Paradigma als gemeinsames Beispiel ist das zentrale Element des, wie ich jetzt sehe, neuartigsten und am wenigsten verstandenen Aspekts dieses Buches. Musterbeispiele werden daher mehr Aufmerksamkeit erfordern als die anderen Bestandteile des disziplinären Systems.« (PS 199)

Alle Wissenschaften verwenden spezifische Begriffe, mit denen Objekte oder Eigenschaften, die im Gegenstandsbereich der betreffenden Wissenschaft vorkommen, bezeichnet werden. In der Physik sind solche Begriffe z. B. »Masse«, »Kraft«, »elektrischer Widerstand«, »Pendel«, »Licht«; in der Soziologie werden Begriffe wie »Gesellschaft«, »Sozialstruktur«, »Beruf«, »Lebensstandard«, »Statussymbol« benutzt; in der Literaturwissenschaft sind solche charakteristischen Begriffe »Gedicht«, »Stil«, »Allegorie«, »Romantik«, »Ironie«. Das erkenntnis- und wissenschaftstheoretische Problem, das Kuhn durch die Einführung des Paradigmabegriffs lösen wollte, lautet: wie kann die Bedeutung dieser Begriffe festgestellt und wie können diese Bedeutungen erlernt werden? Diese Frage scheint trivial zu sein, da es für jede Wissenschaft Lehrbücher oder Wörterbücher gibt, in denen diese Begriffe exakt definiert werden. Die traditionelle Wissenschaftstheorie (und hier ist nicht nur die analytische gemeint) ist daher auch davon ausgegangen, daß ein Student, der sich eine bestimmte Wissenschaft aneignet, die Begriffe dieser Wissenschaft in Form von Definitionen lernt. So wird z. B. ein Physikstudent, um sich die Bedeutung des Begriffes »Kraft« anzueignen, das Zweite Newtonsche Gesetz auswendig lernen müssen, nach dem Kraft gleich Masse mal Beschleunigung (k=mb) ist. Kuhn diskutiert dieses Beispiel k=mb ausführlich (PS 199ff.; DEN 394ff.; BMK 261–267) und kommt dabei zu der Schlußfolgerung, daß die traditionelle Auffassung die wirklichen erkenntnistheoretischen Vorgänge nicht adäquat erfaßt. Wenn der Inhalt und die Bedeutung wissenschaftlicher Begriffe in Definitionen eindeutig festgelegt wären, so bliebe folgendes Phänomen, das Studenten der Naturwissenschaften und Wissenschaftshistorikern vertraut ist, unbegreiflich: es kommt oft vor, daß Studenten ein Kapitel ihres Lehrbuches gründlich durchgearbeitet und die in ihm enthaltenen Definitionen, Gesetze etc. vollständig begriffen haben; nun sind am Ende der einzelnen Kapitel in naturwissenschaftlichen Lehrbüchern Aufgaben gestellt, die die Anwendung der vorher im Text dargestellten Definitionen und Gesetze erfordern und durch deren Lösung der Student lernen soll, diese Definitionen und Gesetze in verschiedenen physikalischen Problemsituationen anzuwenden. Es kommt häufig vor, daß der Student erhebliche Schwierigkeiten hat, die jeweiligen Aufgaben zu lösen, obwohl er doch die im Text zuvor gegebenen Definitionen und erläuterten Gesetze vollkommen verstanden zu haben glaubte.

Kuhns These ist nun, daß man so lange noch nicht von einem Begreifen der Bedeutung eines Begriffs oder eines Gesetzes sprechen kann, wie noch nicht die Fähigkeit seiner Anwendung erworben wurde: In der abstrakten Definition eines Begriffes oder – für die Naturwissenschaften besonders wichtig – in der symbolischen Formulierung eines Gesetzes (z. B. k=mb) ist nämlich die volle

Bedeutung des jeweiligen Begriffes oder Gesetzes überhaupt nicht zum Ausdruck gebracht. Diese volle Bedeutung wird erst erfaßt, wenn die Fähigkeit erworben wird, den Begriff oder das Gesetz in unterschiedlichen Problemsituationen »wiederzuerkennen«. Nach Kuhn handelt es sich daher bei einer symbolischen Verallgemeinerung wie k = mb in Wahrheit um eine Skizze oder ein Schema eines Gesetzes (PS 200), das durch Anwendung in unterschiedlichen Problemsituationen erst mit konkreter wissenschaftlicher Bedeutung gefüllt wird. Deshalb sind die Aufgaben, die den Studenten in physikalischen Lehrbüchern gestellt werden, keineswegs bloße Anwendungsbeispiele für fertige wissenschaftliche Begriffe und Gesetze (so daß erst der betreffende Begriff angeeignet werden muß, um ihn *dann* anwenden zu können); vielmehr ist das Lösen der Aufgaben selbst Teil des Begreifens der Begriffe und Gesetze, da sich der Inhalt der Begriffe und Gesetze erst *in* den Anwendungen voll erschließt. Um Physiker zu werden ist es daher nicht ausreichend, eine Reihe von Definitionen und symbolischen Verallgemeinerungen auswendig zu lernen, sondern man muß durch Übung und Praxis die Fähigkeit erwerben, unterschiedliche physikalische Situationen als Fälle zu erkennen, in denen die betreffenden Begriffe oder das betreffende Gesetz angewendet werden können. Oder anders ausgedrückt: der Student muß lernen, Problemsituationen, die dem Laien als völlig verschieden erscheinen, als ähnlich zu erkennen, so daß in ihnen Begriffe und Gesetze, die zunächst für völlig andere Situationen »erfunden« wurden, angewandt werden können.

Betrachten wir zwei Beispiele, die erläutern, was mit Paradigma/Musterbeispiel gemeint ist. Das erste Beispiel ist dem Alltagsleben entnommen. Stellen wir uns einen kleinen Jungen vor, der mit seinem Vater einen Zoobesuch macht (vgl. DEN 404ff.). Der Junge weiß zwar schon, was der Ausdruck »Vogel« bedeutet, kann aber noch nicht zwischen Enten, Schwänen und Gänsen unterscheiden. An diesem Nachmittag soll er diese Unterscheidungen lernen und sein Vater zeigt zu diesem Zweck auf einen Vogel und sagt »Sieh man, Hänschen, das ist ein Schwan«. Kurze Zeit später zeigt Hänschen selbst auf einen Vogel und ruft »Vati, noch ein Schwan«. Aber er hat noch nicht gelernt, was Schwäne sind, und muß daher berichtigt werden. »Nein, Hänschen, das ist eine Gans.« Von nun an wird der Vater jeden Irrtum, den Hänschen bei der Anwendung der Begriffe »Schwan«, »Gans« und »Ente« begeht, korrigieren und jede richtige Anwendung der betreffenden Begriffe bestärken; am Ende des Zoobesuches hat Hänschen dann gelernt, zwischen Enten, Schwänen und Gänsen zu unterscheiden. Was ist bei diesem Lernprozeß vor sich gegangen? Vor dem Zoobesuch vermochte Hänschen die verschiedenen Sinnesdaten, die sich beim Anblick der verschiedenen Wasservögel zeigten, noch nicht in der »richtigen« Weise zu ordnen: zwischen Schwänen, Enten und Gänsen bestehen gewisse Gemeinsamkeiten (sie halten sich im Wasser auf, haben Flügel etc.) aber auch gewisse Unterschiede (in der Körpergröße, in der Länge des Halses, in der Farbe etc.); ebenso bestehen zwischen den Individuen der einzelnen Arten sowohl Gemeinsamkeiten (alle Schwäne haben einen langen Hals, alle Enten einen kurzen), als auch Unterschiede (es gibt weiße und schwarze Schwäne, männliche und weibliche Enten sind verschieden gefärbt etc.). Für Hänschen waren alle diese Daten zunächst gleichberechtigt: die Unterschiede zwischen den einzelnen Enten waren genauso wichtig, wie die Unterschiede zwischen Enten und Schwänen. Durch die Instruktionen seines Vaters hat Hänschen während des Zoobesuchs nun gelernt, eine bestimmte Kombination von Sinnesdaten als »Ente« und eine andere Kombination als »Schwan« zu identifizieren. Die vielen verschiedenen Wasservögel, die ihm zunächst als *eine* große Gruppe erscheinen mußten, zerfallen jetzt für ihn (ebenso für seinen Vater und die gesamte sprachliche Gemeinschaft, der beide angehören) in drei wohlunterschiedene Klassen. Hänschen hat also zweierlei gelernt: *erstens* hat er gelernt, daß Gänse, Enten und Schwäne verschiedene natürliche Familien bilden und daß in der Natur keine Gänseschwäne oder Entengänse vorkommen; und *zweitens* hat er gelernt, was die Begriffe »Gans«, »Ente«, »Schwan« bedeuten. Er hat also Informationen über die Natur und sprachliche Bedeutungen in ein und demselben Lernprozeß erworben. Und das Charakteristische an diesem Vorgang ist, daß beides erlernt wurde, ohne daß abstrakte Definitionen für die Begriffe eingeführt, oder explizite Regeln für ihre Verwendung festgelegt, oder genaue Kriterien für die Unterscheidung der natürlichen Familien gegeben werden mußten. Hänschen kann am Ende des Zoobesuchs vielleicht mit absoluter Sicherheit Gänse, Enten und Schwäne unterscheiden und er kann auch die Begriffe »Gans«, »Ente«, »Schwan« mit absoluter Sicherheit anwenden – aber er kann wahrscheinlich nicht *definieren*, was ein Schwan ist oder Regeln für die Verwendung des Begriffs »Ente« formulieren. Er hat die Unterschiede zwischen den natürlichen Familien und zugleich auch die zugeordneten Begriffe nicht durch Definitionen oder Regeln gelernt, sondern durch Paradigmen: die Enten und Schwäne, die der Vater seinem Sohn zeigte, waren die Musterbeispiele, die er ihm vorführte, um ihm die von der sprachlichen Gesellschaft unter den Wasservögeln getroffenen Unterscheidungen zu vermitteln. Hänschen hat im Laufe des Nachmittags – unterstützt von den Berichtigungen und Bekräftigungen seines Vaters – die Fähigkeit erworben, die an solchen Musterbeispielen gelernten Begriffe (z.B. »Ente«) in neuen Situationen (d.h. auf andere Enten) anzuwenden.

Natürlich sind die Verhältnisse beim Erwerb einer Wissenschaft wesentlich komplizierter; die Übertragung des an dem Musterbeispiel einer bestimmten Ente gelernten Begriffs »Ente« auf die anderen Enten ist ein vergleichsweise einfacher Vorgang: die verschiedenen Problemsituationen, in denen der Begriff »Ente« angewandt werden muß, d.h. die verschiedenen Vögel, die Hänschen im Zoo sieht, sind relativ leicht als ähnliche Situationen zu erkennen, weil Enten eben leicht von anderen Vögeln zu unterscheiden sind (obwohl auch hier – bei fremdländischen Wasservögeln z.B. – Zweifelsfälle auftreten können). Doch im Prinzip ist der Lernvorgang bei natürlichen Sprachen und bei der Wissenschaftssprache derselbe: Die Bedeutungen der Begriffe und die wissenschaftlichen Gesetze werden nicht (oder zumindest nicht allein) in abstracto gelernt, sondern dadurch, daß man ihre Anwendung in verschiedenen Fällen lernt; und diese Anwendungen in verschiedenen Fällen ist nur möglich, wenn man die Fähigkeit erworben hat, heterogene Problemsituationen als »ähnlich« zu erkennen (ohne daß man in der Lage sein muß, Kriterien für diese Ähnlichkeit anzugeben). Ein Beispiel aus der Geschichte der Physik mag dies noch einmal an einem komplizierteren Beispiel erläutern: in der Geschichte der Mechanik wurden verschiedene wissenschaftliche Probleme, die zunächst von völlig unterschiedlicher Natur zu sein schienen, dadurch gelöst, daß man sie als Anwendungen der Pendelgesetze deutete; das Pendel fungierte hier als Musterbeispiel für die Lösung scheinbar heterogener Problemsituationen: »Die Rolle von erlernten Ähnlichkeitsbeziehungen zeigt sich auch klar in der Geschichte der Wissenschaft. Wissenschaftler lösen Probleme dadurch, daß sie sie auf die Form früherer Problemlösungen bringen und dabei oft nur in ganz geringem Maße auf symbolische Verallgemeinerungen zurückgehen. Galilei fand, daß eine Kugel, die eine schiefe Ebene herunterrollt, gerade schnell genug wird, um dieselbe Höhe auf einer zweiten schiefen Ebene beliebiger Neigung zu erreichen, und er lernte, diese experimentelle Situation zu sehen wie das Pendel mit einer Punktmasse als Gewicht. Huygens löste dann das Problem des Schwingungszentrums eines physikalischen Pendels durch die Vorstellung, daß der ausgedehnte Körper des letzteren sich aus Galileischen Punktpendeln zusammensetzte, deren Verbindungen an jedem Punkt der Schwingung gelöst werden können. Nach Auflösung der Verbindungen würde das einzelne Punktpendel frei schwingen, aber ihr gemeinsamer Schwerpunkt würde, wenn jedes seinen höchsten Punkt erreicht, wie Galileis Pendel nur die Höhe erreichen, von der aus der Schwerpunkt des ausgedehnten Pendels zu fallen angefangen hatte. Schließlich entdeckte Daniel Bernoulli, wie man den Wasserstrom aus einer Öffnung dem Huygenschen Pendel ähnlich machen konnte. Man bestimmt die Senkung des Schwerpunkts des Wassers in Behälter und Strahl während einer sehr kurzen Zeitspanne. Dann stellt man sich vor, daß sich jedes Wasserteilchen anschließend für sich zur maximalen Höhe aufwärts bewegt, die mit der in dieser Zeitspanne erlangten Geschwindigkeit erreichbar ist. Der Anstieg des Schwerpunkts der einzelnen Teilchen muß dann der Senkung des Schwerpunkts des Wassers in Behälter und Strahl gleich sein. Aus dieser Sicht des Problems ergab sich sofort die lange gesuchte Ausströmgeschwindigkeit.

Dieses Beispiel sollte die Klärung dessen einleiten, was ich damit meine, daß man aus Aufgaben lernt, Situationen als einander ähnlich und als Gegenstand für die Anwendung desselben Gesetzes oder derselben Gesetzesskizze zu sehen. Gleichzeitig sollte es zeigen, warum ich von der inhaltsreichen Naturerkenntnis spreche, die erworben wird, während man die Ähnlichkeitsbeziehung erlernt, und die später in einer Betrachtungsweise physikalischer Situationen statt in Regeln und Gesetzen verkörpert ist. Die drei Probleme des Beispiels sind alle Musterbeispiele im Rahmen der Mechanik des achtzehnten Jahrhunderts und wenden nur ein einziges Naturgesetz an.« (PS 201 f.).

Was ein angehender Wissenschaftler während seiner Ausbildung also lernen muß, läßt sich nicht vollständig in expliziten Definitionen, abstrakten Gesetzen oder Regeln zum Ausdruck bringen: es handelt sich um Fähigkeiten, die durch Übung und Praxis erworben werden und dann ebenso unwillkürlich ausgeübt werden, wie unser Herzschlag (PS 206). Für diese Art von Kenntnissen hat M. Polanyi den Ausdruck »stillschweigendes Wissen« (tacit knowing) geprägt; es wird Kuhn zufolge durch den Umgang mit Paradigmen (Musterbeispielen) erworben, in denen die Kenntnisse der jeweiligen sprachlichen oder wissenschaftlichen Gemeinschaft repräsentiert sind.

»Eine meiner Behauptungen ist nun, daß wir allzu lange jene Art und Weise ignoriert haben, in der die Kenntnis der Natur stillschweigend in Erfahrungen verkörpert werden kann, ohne daß die Abstraktion der Kriterien und der Verallgemeinerungen sich einmischte. Diese Erfahrungen werden uns im Laufe unserer Erziehung und professionellen Ausbildung durch eine Generation vermittelt, die schon weiß, wofür diese Erfahrungen Beispiele sind. Indem wir die Beispiele in genügender Anzahl assimilieren, lernen wir, die Welt zu erkennen und mit ihr zu arbeiten, die unsere Lehrer schon kennen.« (BMK 266).

8. Die wissenschaftstheoretischen Konsequenzen, die sich aus dieser zweiten Bedeutungsvariante des Paradigmabegriffes und der mit ihr verbundenen Lerntheorie ergeben, sind beträchtlich. Sie betreffen in erster Linie die Frage nach dem, was die Mitglieder einer wissenschaftlichen Gemeinschaft verbindet. Wir kennen nach der vorangegangenen Darstellung natürlich schon die Antwort: das gemeinsame Paradigma verbindet sie. Doch um die Tragweite dieser Antwort abschätzen zu können, bedarf es zunächst noch einmal eines Rückblicks auf die Antwort, die ein Vertreter der analytischen Wissenschaftstheorie gegeben hätte. Für ihn könnte kein Zweifel daran bestehen, daß von einer wissenschaftlichen Gemeinschaft nur da die Rede sein kann, wo die beteiligten Forscher ihre Tätigkeit nach denselben *methodologischen Regeln* ausrichten.

Der Regelbegriff nimmt in der analytischen Philosophie eine Schlüsselstellung ein, die in engem Zusammenhang mit dem Rationalitätsproblem steht. Die schon von den logischen Positivisten formulierte Zielstellung der Wissenschaftstheorie war es ja, zu erklären, warum in den Naturwissenschaften intersubjektiv gültige Ergebnisse produziert werden, während in der Philosophie (oder in Kunst, Religion etc.) alle Resultate umstritten bleiben und eine Einigung zwischen den verschiedenen Individuen niemals hergestellt werden kann. Die von den logischen Positivisten gegebene (und von den Vertretern der analytischen Philosophie mit Modifikationen und Präzisierungen übernommene) Erklärung für diese Intersubjektivität lautete: im Unterschied zu den Aussagen der Metaphysik sind die naturwissenschaftlichen Ergebnisse stets *überprüfbar*. Doch zur Herstellung von Intersubjektivität genügt nicht die Prüfbarkeit von Aussagen schlechthin (man kann die Aussagen der Theologie z. B. daraufhin überprüfen, ob sie mit der heiligen Schrift übereinstimmen, doch diese Form der Prüfung würde einen logischen Positivisten nicht von der Wissenschaftlichkeit der Theologie überzeugen); die Überprüfung selbst muß intersubjektiv verbindlich sein und eine solche intersubjektiv gültige Überprüfung liegt nur dann vor, wenn diese nach bestimmten methodologischen Regeln vollzogen wird. Diese Regeln sollten sich aus den Gesetzen der formalen Logik einerseits und dem Prinzip des Empirismus andererseits (vgl. Abschnitt 2) ergeben und die Aufgabe der Wissenschaftstheorie bestand demnach genau darin, auf der Grundlage der logischen Gesetze und des empiristischen Prinzips die Regeln festzusetzen, durch die die Intersubjektivität der Wissenschaft gewährleistet werden kann. Da jeder Satz, der als wissenschaftlicher – und das heißt in der analytischen Philosophie immer zugleich auch: rationaler – Satz anerkannt werden soll, in dem durch diese methodologischen Regeln festgelegten Sinn überprüfbar sein muß, definieren diese Regeln zugleich auch, was Wissenschaft ist. Nach einer Formulierung von K. Popper könnte man die methodologischen Regeln daher auch »die Spielregeln des Spiels ›empirische Wissenschaft‹ nennen [...] Wir werden also – ähnlich, wie wir etwa das Schachspiel durch seine Regeln definieren würden – auch die Erfahrungswissenschaft durch methodologische Regeln definieren«. (Popper S. 25 f.).

Kuhn behauptet nun, daß eine wissenschaftliche Gemeinschaft keineswegs durch einen Korpus von Regeln konstituiert wird, die von den beteiligten Forschern befolgt werden. Der Versuch, den geschichtlichen Entwicklungsprozeß einer solchen Gemeinschaft anhand von Regeln nachzuverfolgen, die für die Tätigkeit der Wissenschaftler maßgeblich sind, stoße auf erhebliche Schwierigkeiten: die wissenschaftsgeschichtliche Forschung zeige, daß eine normale Forschungstradition nicht von einem Komplex methodologischer Regeln determiniert werde, sondern von jenen konkreten Problemlösungen, die von der betreffenden Gemeinschaft als vorbildliche Muster anerkannt und ihrer Arbeit zugrunde gelegt werden. Diejenigen Wissenschaftler, die während ihrer fachlichen Ausbildung dieselben Musterbeispiele kennengelernt haben, werden in gleichen Problemsituationen auch dieselben fachlichen Urteile fällen. Der grundlegende Unterschied zwischen der analytischen Auffassung und der Kuhns wird sofort deutlich, wenn man sich vergegenwärtigt, daß Regeln immer nur *bewußt* angewandt werden können, während das bei den Musterbeispielen offenkundig nicht der Fall ist: die Fähigkeiten, die im praktischen Umgang mit Musterbeispielen erworben werden, sind »stillschweigendes Wissen« (PS 203ff.). Die Nicht-Bewußtheit eines bedeutenden Teils der in der fachlichen Ausbildung erworbenen Kenntnisse wird bei Kuhns Darstellung des Paradigmawechsels noch eine entscheidende Rolle spielen.

Diese Betonung der Priorität der konkreten Problemlösungen vor expliziten Regeln hat wichtige Konsequenzen für den Wissenschaftsbegriff: die Wissenschaft kann nun nicht mehr, wie es in der positivistischen Tradition geschah, ausschließlich in der Form fertiger Erkenntnis*resultate* (d.h. als System von Sätzen und Begriffen) betrachtet werden, sondern muß als eine historisch konkrete Gesamtheit von *Tätigkeiten* (vgl. H. Laitko, S. 58–104) verstanden werden. Kuhn hat damit eine neue fruchtbare Perspektive der Wissenschaftsanalyse eröffnet:

(a) indem er das Schwergewicht der Betrachtung vom fertigen Produkt auf die Art und Weise des Produzierens legt, gewinnt der Wissenschaftsbegriff eine *dynamische* Dimension: die Wissenschaft stellt sich nicht mehr als ein statisches Aussagensystem, sondern als ein Prozeß ständiger Erzeugung und Anwendung dieser Produkte dar.

(b) Damit tritt zugleich an die Stelle einer ausschließlich auf die logische Analyse von Aussagensystem orientierte Wissenschaftstheorie eine historische Betrachtungsweise, die vornehmlich an den Veränderungen der Wissenschaft interessiert ist. Ohne daß Kuhn selbst diesen Weg bereits eingeschlagen hätte (vgl. unten Abschnitt 24), wird damit die Perspektive einer über philosophische Fragestellungen hinausgehenden *soziologischen*, *psychologischen* etc. Analyse der wissenschaftlichen Tätigkeit eröffnet; die Arbeiten Kuhns haben damit eine Diskussion in Gang gebracht (vgl. Weingart, S. 33–92), die dazu geführt hat, daß in der gegenwärtigen Wissenschaftstheorie außerlogische Faktoren der Wissenschaftsentwicklung stärker berücksichtigt werden.

Literatur

Amsterdamski, Stefan: Between Experience and Metaphysics. Philosophical Problems of the Evolution of Science. Dordrecht/Boston 1975.

Baldamus, W.: Das exoterische Paradox der Wissenschaftsforschung. Ein Beitrag zur Wissenschaftstheorie Ludwik Flecks. In: Zeitschrift für allgemeine Wissenschaftstheorie X/2 (1979), S.213–233.

Böhme, Gernot/*van den Daele*, Wolfgang: Erfahrung als Programm. Über

Strukturen vorparadigmatischer Wissenschaft. In: Gernot *Böhme*/Wolfgang *van den Daele*/Wolfgang *Krohn:* Experimentelle Philosophie. Ursprünge autonomer Wissenschaftsentwicklung. Frankfurt/M. 1977.

Laitko, Hubert: Wissenschaft als allgemeine Arbeit. Zur begrifflichen Grundlegung der Wissenschaftswissenschaft. Berlin (DDR) 1979.

Ludz, Peter Christian: Thomas S. Kuhns Paradigmathese: eine ideologiekritische Untersuchung. In: *Salamun*, Kurt (Hrsg.): Sozialphilosophie als Aufklärung. Festschrift für Ernst Topitsch. Tübingen 1979, S. 217–246.

Masterman, Margaret: Die Natur eines Paradigmas. In: KUE, S. 59–88.

Musgrave, Alan E.: Kuhn's Second Thoughts. In: British Journal for the Philosophy of Science 22 (1971), S. 287–306.

Polanyi, Michael: Personal Knowledge. Towards a Post-Critical Philosophy. Chicago/London 1958.

Popper, Karl R.: Logik der Forschung. Tübingen 1971.

Shapere, Dudley: The Structure of Scientific Revolutions. In: The Philosophical Review 73 (1964), S. 383–394.

Stegmüller, Wolfgang: Probleme und Resultate der Wissenschaftstheorie und Analytischen Philosophie. 2. Band: Theorie und Erfahrung; 2. Halbband: Theorienstrukturen und Theoriendynamik. Berlin/Heidelberg/New York 1973, S. 195–207.

Suppe, Frederick: Exemplars, Theories, and Disciplinary Matrixes. In: *Suppe*, Frederick (Hrsg.): The Structure of Scientific Theories. Urbana/Chicago/London (2. Auflage) 1977, S. 483–499. Vgl. auch die anschließende Diskussion; S. 500–517.

Toulmin, Stephen: *Kritik* der kollektiven Vernunft. Frankfurt/M. 1978.

Toulmin, Stephen: Voraussicht und Verstehen. Ein Versuch über die Ziele der Wissenschaft. Frankfurt/M. 1968.

Weingart, Peter: Paradigmastruktur und wissenschaftliche Gemeinschaft – das Problem wissenschaftlicher Entwicklung. In: Wissensproduktion und soziale Struktur. Frankfurt/M. 1976, S. 33–92.

Wittgenstein, Ludwig: Philosophische Untersuchungen. Frankfurt/M. 1971.

9. Wenn die Forscher eines Fachgebietes eine wissenschaftliche Konzeption als ihr gemeinsames Paradigma akzeptiert haben, verschwinden die Auseinandersetzungen über die Grundlagenprobleme des Faches. Mit dem betreffenden Paradigma liegt ja eine einleuchtende und vielversprechende Lösung dieser Grundlagenprobleme vor; für die weitere Forschungstätigkeit kann es daher nur noch um die Anwendung des theoretischen und methodischen Instrumentariums gehen, das vom Paradigma bereitgestellt wird. Denn wenn ein Paradigma auch die *grundlegenden* Fragen, die in dem jeweiligen Fachgebiet gestellt werden können, beantwortet, so hat es doch niemals Antworten auf *alle* Fragen. Unmittelbar nach seiner Entstehung gleicht ein Paradigma oft einer Skizze des betreffenden Forschungsgegenstandes, die nur dessen Konturen umreißt, die zahlreichen Details aber offenläßt. Und wie der Entwurf eines großen Gemäldes, den ein bedeutender Maler seinen Schülern übergibt, nun en detail ausgeführt werden muß, so läßt auch ein wissenschaftliches Paradigma den nachfolgenden Forschern viel Detailarbeit zu tun übrig. Diese Arbeit zerfällt in drei Gruppen (SWR 39–48): (a) präzise Bestimmung relevanter Tatsachen; (b) gegenseitige Anpassung von Theorie und Tatsachen; (c) Präzisierung und Erweiterung der Theorie.

Die Gesamtheit dieser »Aufräumarbeiten« (SWR 38) bezeichnet Kuhn als *normale Wissenschaft*, denn es handelt sich hier um das,

> »was die meisten Wissenschaftler während ihrer gesamten Laufbahn beschäftigt [...] Bei näherer Untersuchung, sei sie historisch oder im modernen Labor, erscheint dieses Unternehmen als der Versuch, die Natur in die vorgeformte und relativ starre Schublade, welche das Paradigma darstellt, hineinzuzwängen. In keiner Weise ist es das Ziel der normalen Wissenschaft, neue Phänomene zu finden; und tatsächlich werden die nicht in die Schublade hineinpassend oft überhaupt nicht gesehen. Normalerweise erheben die Wissenschaftler auch nicht den Anspruch, neue Theorien zu finden, und oft genug sind sie intolerant gegenüber den von anderen gefundenen. Normalwissenschaftliche Forschung ist vielmehr auf die Verdeutlichung der vom Paradigma bereits vertretenen Phänomene und Theorien ausgerichtet« (SWR 38).

Die Wissenschaftler, die über ein gemeinsames Paradigma verfügen, wissen wie die Welt ihres Forschungsgegenstandes beschaffen ist und sie wissen, auf welchen Wegen dieser Gegenstand erkundet werden muß. Die Besonderheit der normalen Wissenschaft besteht darin, daß sie in langwieriger und intensiver Arbeit zu Ergebnissen kommt, die – zumindest in groben Zügen – bereits vorher bekannt waren: ihre Aufgabe besteht dann darin, bestimmte Voraussagen der Theorie zu bestätigen oder Sachverhalte, die durch das Paradigma prinzipiell längst geklärt sind, quantitativ exakt zu bestimmen. In diesem Sinne ist die normale Wissenschaft eine Tätigkeit, die enge Parallelen mit dem Lösen von *Rätseln* aufweist. Auch bei einem Rätsel (Kuhn hat hier puzzles im Sinn) ist das Ergebnis ja von vorn herein bekannt (das fertige Bild dient als Vorlage für das Zusammenlegen der einzelnen »Steine«) und als solches auch gar nicht so interessant: was den Rätsellöser interessiert, ist der *Weg*, auf dem die Lösung erzielt wird. Damit ein Problem als ein Rätsel angesehen werden kann, müssen zwei Voraussetzungen erfüllt sein:

(a) es muß mit Sicherheit angenommen werden können, daß das Problem lösbar ist; viele Probleme sind einfach deshalb keine Rätsel, weil völlig dunkel ist, wie ihre Lösung aussehen könnte.

»Es ist kein Kriterium der Güte eines solches Rätsels, daß seine Lösung in sich interessant oder wichtig ist. Im Gegenteil, die wirklich drängenden Probleme, zum Beispiel ein Heilmittel für Krebs oder das Konzept für einen dauerhaften Frieden, sind oft überhaupt keine Rätsel, weitgehend deshalb, weil sie vielleicht keine Lösung haben [...] Innerer Wert zwar ist kein Kriterium für ein Rätsel, wohl aber das sichere Vorhandensein einer Lösung.« (SWR 51)

(b) Es müssen bestimmte Regeln vorliegen, durch deren Anwendung das Problem gelöst werden kann und muß, d.h. die Mittel der Problemlösung dürfen nicht beliebig wählbar sein. Bei einem puzzle liegen diese Regeln auf der Hand: man muß alle »Steine« verwenden, die leeren Seiten nach unten legen und sie ohne Gewalt ineinander schieben, bis ein lückenloses Bild entsteht (SWR 52). Ähnliche Lösungsnormen liegen auch in einer normalwissenschaftlichen Tradition vor: sie ergeben sich aus dem jeweils herrschenden Paradigma und schreiben dem Forscher vor, welche Wege er bei der Problemlösung einschlagen darf und welche er in jedem Fall vermeiden muß.

10. Mit der Annahme eines Paradigmas durch die Vertreter eines wissenschaftlichen Fachgebietes tritt noch ein zweiter Effekt ein: es verschwinden die konkurrierenden Schulen und an ihre Stelle tritt eine einheitliche *wissenschaftliche Gemeinschaft.* Die Entstehung der fachwissenschaftlichen Esoterik ist daher nur die eine Seite der normalen Wissenschaft; ihr steht – entsprechend der Zweidimensionalität des Paradigma-Begriffs – eine soziale Dimension der normalen Wissenschaft gegenüber, die in der Existenz jener Normen zum Ausdruck kommt, durch die legitime Problemlösungen

und Problemlösungswege von illegitimen unterschieden und damit zugleich auch Probleme in »Rätsel« verwandelt werden. »Die Existenz dieses starken Netzes von Verpflichtungen – begrifflicher, theoretischer, instrumenteller und methodologischer – ist ein wichtiger Bezugspunkt für die Metapher, welche die normale Wissenschaft in Beziehung zum Rätsellösen setzt.« (SWR 56) Normale Wissenschaft als eine unter strengen Verpflichtungen stehende Tätigkeit ist nur im Rahmen wissenschaftlicher Gemeinschaften möglich. »Meistens war der Übergang des Fachwissens in den Besitz einer geschlossenen Spezialistengruppe damit verbunden, daß die betreffenden Kenntnisse zu einer reifen Wissenschaft wurden und daß auch die rätsellösende Tätigkeit ihren Anfang nahm. Es handelt sich wohl nicht um ein entbehrliches Merkmal.« (BMK 246)

Der *Esoterik* auf der kognitiven Ebene der normalen Wissenschaft entspricht auf der sozialen Ebene die *Autonomie* der wissenschaftlichen Gemeinschaft. Nach Kuhn ist es nämlich ein entscheidendes Charakteristikum reifer Wissenschaften, daß die Wissenschaftlergemeinschaften, die sie hervorbringen, sich in wirksamer Weise von äußeren, d.h. gesellschaftlichen Einflüssen lösen konnten.

»Die Vertreter einer ausgereiften Wissenschaft sind ausgebildet in einem differenzierten System herkömmlicher Theorie und instrumenteller, mathematischer und verbaler Methoden. Demgemäß bilden sie eine besondere Subkultur, deren Mitglieder das einzige Publikum und die einzige Instanz für ihre Arbeiten auf diesem Gebiet sind. Die Probleme, mit denen sie sich speziell beschäftigen, werden nicht mehr von der übrigen Gesellschaft gestellt, sondern durch wissenschaftsinterne Antriebe zur Erweiterung und Erhöhung der Übereinstimmung zwischen den bestehenden Theorien und der Natur. Und die zur Lösung dieser Probleme angewandten Begriffe sind gewöhnlich sehr eng verwandt mit denen, die in der Ausbildung für das Fachgebiet vorkommen. Kurz, im Vergleich zu anderen schöpferischen Berufen sind die Vertreter einer ausgereiften Wissenschaft in wirksamer Weise vom kulturellen Milieu getrennt, in dem sich ihr außerberufliches Leben abspielt.« (DEN 185f.)

In den reifen Wissenschaften sind nach Kuhn daher ausschließlich die Mitglieder der jeweiligen wissenschaftlichen Gemeinschaft verantwortlich für die inhaltliche Durchführung der Forschung; sie allein entscheiden, welche Probleme sinnvoll und welche Lösungen angemessen sind. Solche Gemeinschaften umfassen in der heutigen Wissenschaft etwa einhundert Forscher, manchmal auch weniger (BMK 245; PS 189). »Ich behaupte nun, daß derartige Gruppen als jene Einheiten angesehen werden sollen, die die wissenschaftliche

Erkenntnis hervorbringen.« (BMK 245) Ihre Autonomie gegenüber allen »externen« Einflüssen aus dem gesellschaftlichen Kontext der Forschung, ist eine wesentliche Voraussetzung für die normale Wissenschaft (SWR 109, 175).

Die wissenschaftstheoretische Diskussion ist seit langem gekennzeichnet durch den Gegensatz zwischen der internalistischen Position einerseits und der externalistischen andererseits (vgl. DEN 175–187). Während die *internalistische* Position ihr Hauptaugenmerk auf die kognitiven Inhalte der Wissenschaft richtet und die Entwicklung dieser Inhalte vorwiegend oder ausschließlich auf die »innere« Logik der Wissenschaft zurückführt, betrachtet die *externalistische* Richtung die Wissenschaft in erster Linie als eine gesellschaftliche Institution, deren Entwicklung in hohem Maße durch die gesellschaftlichen Zusammenhänge, in denen sie steht, determiniert wird. Es liegt auf der Hand, daß Kuhn sich mit seiner Betonung der Autonomie der wissenschaftlichen Gemeinschaft auf die Seite der internalistischen Position gestellt hat (vgl. DEN 38, 201–216). Für die oben (Abschnitt 7) dargestellte Verlagerung des wissenschaftstheoretischen Interesses von den fertigen Produkten (Theorien) auf das Produzieren (die Tätigkeit) hat der Kuhnsche Internalismus die Konsequenz, daß dieses Produzieren als eine gesellschaftsfreie Tätigkeit aufgefaßt wird. Wie J. Mittelstraß kritisiert, bedeutet daher die Kuhnsche »Verlagerung des historiographischen Interesses von einer Analyse von Texten und Überlieferungen auf eine Analyse der Forschungspraxis in erster Linie nicht, daß jetzt auch die Abhängigkeit dieser Praxis von gesamtgesellschaftlichen historischen Handlungszusammenhängen in den Blick träte (von ihr ist eher als einer zufälligen Randerscheinung, als willkürlichem Element persönlicher und historischer Umstände die Rede); gemeint ist vielmehr die Abhängigkeit einer wissenschaftlichen Entwicklung von den in der sie tragenden ›scientific community‹ herrschenden Überzeugungen [...] Diese Gesellschaft in der Gesellschaft bleibt damit eine monadische Konstruktion, und ebenso die Wissenschaftsgeschichte, die jetzt auf ihre Aktivitäten hin, auch darin wieder ›biographisch‹ ausgerichtet, geschrieben wird.« (Mittelstraß S. 109f.)

Nun lassen sich aber gegen eine ausschließlich internalistische Wissenschaftstheorie und Wissenschaftshistoriographie allgemein und gegen die Kuhnsche Version dieses Internalismus im Besonderen schwerwiegende Argumente vorbringen (Wolff; Mendelsohn; Krohn; Loitsch/Richter; Lefèvre). Zum einen bezieht dieser Internalismus seine Plausibilität durch eine starke Eingrenzung des Wissenschaftsbegriffs, der für einzelne naturwissenschaftliche Disziplinen (vor allem: Physik) reserviert wird, deren Grad an theoretischer Autonomie in der Tat relativ hoch ist (höher jedenfalls als in Disziplinen wie Medizin, Ökonomie oder Psychologie). Wird diese Eingrenzung aufgegeben und ein allgemeinerer, weniger auf ein bestimmtes Wissenschafts*ideal* zugeschnittener Wissenschaftsbegriff zugrunde gelegt, so erweist sich die internalistische Position schnell als undurchführbar. Zum zweiten aber läßt sich zeigen, daß auch »reife« Disziplinen wie die Physik sich durchaus nicht völlig unabhängig von ihrem gesellschaftlichen Kontext entwickeln. Solche externen Einflüsse auf die Entwicklung der Wissenschaft sind nicht nur für wichtige Perioden der Wissenschaftsgeschichte nachgewiesen worden, sondern können auch für die Gegenwart behauptet werden (Böhme u.a.). Auch wenn eine unmittelbare »Ableitung« der Wissenschaftsentwicklung oder einzelner wissenschaftlicher Theorien aus ihrem gesellschaftlichen Entstehungszusammenhang am erkenntnistheoretischen Wesen der Wissenschaft vorbeigeht, führt auf der anderen Seite die von Kuhn vorgenommene Verabsolutierung der Autonomie der wissenschaftlichen Gemeinschaft zur Ausblendung wesentlicher Determinanten der Wissenschaftsentwicklung.

11. Kuhns Konzept der normalen Wissenschaft ist auf seiten vieler Vertreter der analytischen Philosophie auf heftige Kritik gestoßen. Insbesondere die Anhänger des *kritischen Rationalismus* haben den Vorwurf erhoben, daß die Wissenschaft nicht länger als ein rationales Unternehmen angesehen werden könne, wenn die Beschreibung Kuhns zutreffend wäre (vgl. den Überblick bei Ströker S. 31–48).

Die Wissenschaftsauffassung des kritischen Rationalismus beruht auf dem Postulat der Falsifizierbarkeit aller wissenschaftlichen Aussagen. In seinem 1934 veröffentlichten Hauptwerk *Logik der Forschung* hatte der Begründer des kritischen Rationalismus, Karl Popper, den Grundgedanken entwickelt, daß positive Bestätigungen (»Verifikationen«) für eine Theorie durchaus kein Zeichen für ihre Wissenschaftlichkeit sein müssen (wie es die logischen Empiristen behauptet hatten). Die Astrologie z.B., die unzweifelhaft als eine unwissenschaftliche Theorie angesehen werden muß, kann immer wieder auf Fälle verweisen, wo ihre Voraussagen (zufällig) eingetroffen sind; und ähnlich verhält es sich mit zahlreichen anderen Pseudo-Wissenschaften, die die Tatsachen stets so interpretieren, daß sie zu ihren theoretischen Auffassungen passen. Der Dogmatismus dieser irrationalen Konzeptionen besteht darin, daß sie nach positiver Bestätigung, nach Verifikationen suchen, anstatt sich *kritisch* gegenüber den eigenen theoretischen Auffassungen zu verhalten. In den Naturwissenschaften wird demgegenüber nach Popper eine Methode angewandt, die weitgehend auf zwei Schritte reduziert werden kann: zunächst werden kühne Hypothesen aufgestellt und in einem zweiten Schritt werden diese Hypothesen dann überprüft. Dabei ist die Überprüfung aber so anzulegen, daß die betreffende Hypothese einem echten Risiko der Widerlegung ausgesetzt wird. Mit anderen Worten: die Rationalität der naturwissenschaftlichen Methode und ihre Überlegenheit gegenüber den pseudowissenschaftlichen Verfahrensweisen besteht nach kritisch-rationalistischer Ansicht darin, daß immer wieder versucht wird, die vorliegenden Theorien zu falsifizieren. Und daraus leitet K. Popper die Forderung ab, daß eine Hypothese, die wissenschaftlich zu sein beansprucht, so formuliert werden muß, daß sie falsifizierbar ist; eine Aussage wie »Wenn der Hahn kräht auf dem Mist, ändert sich das Wetter oder es bleibt, wie es ist« erfüllt diese Forderung nach Falsifizierbarkeit nicht: was auch immer geschehen wird, die Aussage wird verifiziert werden. Und genau nach diesem Muster (wenn auch weniger leicht zu durchschauen) sind alle dogmatischen, irrationalen Theorien konzipiert: sie werden durch kein mögliches Ereignis widerlegt und sind gerade deshalb unwissenschaftlich.

Vergleichen wir z.B. die Pseudo-Wissenschaft Astrologie mit der Wissenschaft Astronomie, so kommen wir, wenn wir von Poppers Konzeption ausgehen, zu folgender Diagnose. Wenn ein Astrologe auf der Basis seiner Theorie bestimmte präzise Voraussagen macht (z.B. »In der 17. Lotto-Ausspielung des Jahres 1983 wird der Autor des vorliegenden Buches den Hauptgewinn erzielen«), so werden sich diese Prognosen – abgesehen von einigen Zufallstreffern – meist als falsch erweisen. Geht der Astrologe rational vor, so muß er nach einer gewissen Zahl von Mißerfolgen eingestehen, daß nicht nur seine einzelnen Prognosen falsch waren, sondern daß die ganze Theorie, die ihnen zugrunde lag (d.h. die Auffassung, daß das künftige Schicksal eines Menschen aus den Sternen abgelesen werden kann) verfehlt ist: seine Theorie ist durch die gescheiterten Voraussagen falsifiziert. Die Irrationalität der Astrologie besteht nun nach Popper darin, daß dieser notwendige Schritt in der Astrologie niemals vollzogen wurde. Die Falsifikation nicht nur einer einzelnen Prognose, sondern der astrologischen Theorie insgesamt wurde entweder umgangen, indem man irgendwelche Gründe vorschob, die für die falschen Prognosen verantwortlich sein sollten (z.B. war der genaue Zeitpunkt der Geburt des betreffenden Individuums nicht bekannt; oder es wird ein Irrtum bei der Bestimmung der Positionen der für die Prognose relevanten Sterne vorgeschoben etc.); oder eine Falsifikation wurde von vornherein durch eine zweideutige Formulierung der Prognose ausgeschlossen, so daß die Voraussage in jedem Fall durch das eintretende Ereignis »bestätigt« wurde (vom Delphischen Orakel sind solche »Prognosen« bekannt und sprichwörtlich geworden).

Betrachten wir nun Kuhns Konzept der normalen Wissenschaft aus der Perspektive des kritischen Rationalismus, so liegt die Irrationalität dieses Konzepts auf der Hand. Die kritische Überprüfung des vorliegenden Wissens spielt in der normalwissenschaftlichen Forschung nur eine sehr eingeschränkte Rolle: sie bezieht sich ausschließlich auf Hypothesen, die auf der Grundlage des Paradigmas aufgestellt wurden, während das Paradigma selbst von einer solchen Überprüfung ausgenommen ist. »Soweit sich der Forscher mit normaler Wissenschaft befaßt, ist er kein Rätsellöser, kein Paradigmaprüfer.« (SWR 155). Und es muß wohl als eine gezielte Provokation verstanden werden, wenn Kuhn eine wissenschaftstheoretische Tagung, der Karl Popper präsidierte, mit einem Referat einleitete, das den folgenden Satz enthält: »Charakteristisch für den Übergang zur Wissenschaft ist eben die Tatsache, daß man die kritische Diskussion verabschiedet.« (PWA 7).

Die Herausforderung Kuhns stieß auf die zu erwartende Resonanz. Die auf der Tagung anwesenden Vertreter des kritischen Rationalismus warfen ihm vor, die fundamentalen Unterschiede zwischen Wissenschaft und Metaphysik, Rationalität und Dogmatismus zu verwischen: denn worin sollten die Gesetze der Physik sich noch von den Dogmen der Theologie unterscheiden, wenn die kritische Prüfung in der Physik ebensowenig Platz hat wie in der Theologie? Karl Popper hat daher die Normalwissenschaft kurzerhand zu einer Bedrohung der Wissenschaft und darüber hinaus zu einer »Gefahr für unsere Zivilisation« erklärt:

»Es gibt in der Tat eine ›Normalwissenschaft‹, wie sie Kuhn schildert. Es ist die Tätigkeit des nicht-revolutionären oder genauer: des nicht allzu kritischen Professionellen: des angehenden Wissenschaftlers, der das vorherrschende Dogma des Tages akzeptiert; der das Dogma nicht bezweifeln will; der eine neue revolutionäre Theorie nur dann akzeptiert, wenn sozusagen schon ein jeder bereit ist, sie zu akzeptieren, und wenn es Mode wird, sie zu akzeptieren, nachdem allzu viel Propaganda um sie herum gemacht wurde. Man braucht vielleicht ebensoviel Mut, einer neuen Mode Widerstand zu leisten, als man Mut dazu brauchte, die neue Mode einzuführen.

Sie werden vielleicht sagen, daß ich, indem ich Kuhns ›Normalwissenschaft‹ so beschreibe, ihn implizite und insgeheim auch kritisiere. Darum werde ich nun wieder nachdrücklich betonen: Das, was Kuhn beschrieben hat, existiert in der Tat, und die Historiker der Wissenschaft müssen dies auch beachten. Daß ich diese Erscheinung nicht mag (weil ich in ihr eine Gefahr für die Wissenschaft erblicke), während Kuhn dieselbe Erscheinung ganz gut leiden kann (darum bezeichnet er sie ja als ›normal‹), das ist eine andere Frage, allerdings eine sehr wichtige.

Meiner Ansicht nach ist ein solcher ›normaler‹ Wissenschaftler, wie ihn Kuhn beschreibt, eine bemitleidenswerte Person. (Nach Kuhns Ansichten über die Wissenschaftsgeschichte waren manche großen Wissenschaftler ›normal‹; da ich jedoch gar kein Mitleid mit ihnen habe, glaube ich nicht, daß Kuhns Ansichten in dieser Beziehung völlig richtig sind.) Der ›normale‹ Wissenschaftler wurde, meiner Ansicht nach, schlecht unterrichtet. Ich glaube, und mit mir glauben es noch viele andere, daß jeder Unterricht auf dem Niveau der Universität (und womöglich auch schon auf einem niedrigeren Niveau) Training und Ermutigung zum kritischen Denken sein müßte. Der ›Normalwissenschaftler‹, wie ihn Kuhn schildert, wurde schlecht unterrichtet. Man hat ihn in einem dogmatischen Geiste erzogen; er ist ein Opfer der Unterweisung, die ihm zuteil wurde. Er hat sich die Technik angeeignet, die man anwenden darf, ohne nach den Gründen zu fragen (besonders in der Quantenmechanik). Infolgedessen ist er sozusagen zu einem *angewandten Wissenschaftler* geworden – im Unterschied zu einem solchen, den ich als *reinen Wissenschaftler* bezeichnen würde. [...]

Ich gebe zu, diese Haltung existiert; ja, sie existiert nicht bloß unter Ingenieuren, sondern auch unter Leuten, die als Wissenschaftler trainiert wurden. Ich kann nur sagen, daß ich eine sehr große Gefahr darin erblicke, und besonders darin, daß diese Haltung die gewöhnliche wird (ebenso wie ich auch eine sehr große Gefahr in der zunehmenden Spezialisierung erblicke, die ebenfalls eine unleugbare historische Tatsache ist). Das ist eine Gefahr für die Wissenschaft, ja auch für unsere Zivilisation. Darum halte ich es für so wichtig, daß Kuhn die Existenz dieser Art von Wissenschaft hervorgehoben hat.

Aber ich glaube, Kuhn hat einen Irrtum begangen, indem er behauptet, daß seine ›Normalwissenschaft‹ in der Tat normal sei.« (Popper, Normalwissenschaft S. 52f.).

Auffallend an Poppers Argumentation ist vor allem, daß sie *nicht* die Realität des von Kuhn »normale Wissenschaft« genannten Phänomens bestreitet. Über Kuhns These, daß zwischen den Revolutionen Perioden normaler Wissenschaft liegen, die von jeweils nur *einer* Theorie (bzw. Paradigma) beherrscht werden, heißt es bei Popper zwar, die widerspreche »den Tatsachen – mindestens wie ich sie sehe« (Normalwissenschaft S. 55), doch die Hauptstoßrichtung der Popperschen Argumentation wendet sich nicht so sehr gegen die *Existenz* der normalen Wissenschaft, als gegen ihre *Wünschbarkeit.* Popper konzediert ja ausdrücklich, daß es normale Wissenschaft gibt: aber sie ist für ihn eine bedauerliche Randerscheinung. Der Fehler Kuhns besteht für Popper nicht darin, daß er auf die Tatsache der normalen Wissenschaft hingewiesen hat, sondern daß er sie für einen notwendigen Bestandteil der Wissenschaft hält, daß er ihr einen wesentlichen Anteil am Erfolg der Wissenschaft und ihren Fortschritten zuschreibt, anstatt sie als eine dem Fortschritt hinderliche und den Erfolg gefährdende Erscheinung zu betrachten.

12. In Kuhns Wissenschaftstheorie, insoweit ist Popper zuzustimmen, spielt die normale Wissenschaft in der Tat eine grundlegende Rolle: sie gilt hier keineswegs als bloßes Faktum, sondern als das entscheidende *Kriterium für die Reife* eines wissenschaftlichen Fachgebietes. Nach Kuhn tritt ein solches Fachgebiet erst dann in das Stadium der Reife ein, wenn es ein allgemeinverbindliches Paradigma erwirbt, auf dessen Grundlage die normalwissenschaftliche Praxis des Rätsellösens beginnen kann (BMK 236f.). Der Fortschritt des ganzen Fachgebietes und die Allgemeingültigkeit der erzielten Erfolge, die eine Reife Wissenschaft von den Proto-Wissenschaften unterscheiden, stellen sich erst ein, wenn die For-

schergemeinschaft zur normalwissenschaftlichen Tätigkeit übergegangen ist. Von diesem Augenblick an nimmt die Leistungsfähigkeit in der betreffenden Disziplin explosionsartig zu:

(a) sobald die wissenschaftliche Gemeinschaft ein Paradigma anerkannt hat, verschwinden die langwierigen Auseinandersetzungen um die Grundlagenprobleme der Disziplin, und die gesamte fachliche Aufmerksamkeit der Forscher wird auf die Detailprobleme konzentriert, die das Paradigma offen läßt (SWR 38, 175).

(b) Während die Problemwahl in der proto-wissenschaftlichen Phase entweder von den subjektiven Präferenzen der Forscher oder aber von der sozialen Relevanz der Probleme bestimmt wird, konzentriert sich die normale Wissenschaft auf einen bestimmten Problemtyp: auf Probleme nämlich, von denen sie vor dem Hintergrund des jeweils herrschenden Paradigmas annehmen kann, daß es lösbar ist (SWR 51, 175).

(c) Solange kein verbindliches Paradigma vorliegt, erscheinen alle Tatsachen, die in irgendeiner Beziehung zum Forschungsgegenstand stehen, als gleichermaßen relevant; ein Paradigma aber führt stets eine bestimmte Hierarchie der Relevanz unter den Tatsachen ein. Mit dem Übergang zur normalen Wissenschaft tritt in einer Disziplin daher an die Stelle eines mehr oder weniger zufälligen Zusammentragens von Tatsachen eine gezielte Suche nach solchen Tatsachen, die das Paradigma als bedeutsam charakterisiert. Damit ändert sich dann aber zugleich auch der Typ von Tatsachen: es sind nicht mehr so sehr die »auf der Hand« liegenden Daten, die durch zufällige Beobachtung gewonnen werden können, sondern »versteckte« Tatsachen, deren Ermittlung oft komplizierte Versuchsanordnungen und Apparate erfordern (SWR 30–33).

Mit dem Übergang zur normalen Wissenschaft nimmt die Forschungstätigkeit auf dem betreffenden Fachgebiet immer stärker »esoterischen« Charakter an; Kuhn benutzt diesen Begriff der Esoterik immer wieder, um den sehr gezielten und auf winzige Detailprobleme konzentrierten Forschungstyp der Normalwissenschaft zu kennzeichnen (SWR 26, 37, 175; PS 190; DEN 319, 321; BMK 239). Diese Esoterik ist für Kuhn deshalb so bedeutsam, weil sie zwar zu einem erheblichen Verlust an Breite der Forschung führt, zugleich aber zu einem bedeutenden Gewinn an Tiefe:

»Die von der normalen Wissenschaft untersuchten Gebiete sind natürlich recht klein; das jetzt zur Diskussion stehende Unternehmen hat die Sicht stark eingeengt. Diese Einengungen aber, die das Vertrauen zu einem Paradigma zeitigt, erweisen sich als wesentlich für die Entwicklung der Wissenschaft. Durch Konzentration der Aufmerksamkeit auf einen kleinen

Bereich relativ esoterischer Probleme zwingt das Paradigma die Wissenschaftler, ein Teilgebiet der Natur mit einer Genauigkeit und bis zu einer Tiefe zu untersuchen, die sonst unvorstellbar wären.« (SWR 38)

Einige der grundlegenden Eigenschaften, die den Naturwissenschaften allgemein zugeschrieben werden und als Ursachen für ihren besonderen Erfolg gelten, wie z.B. Exaktheit, sind daher – Kuhn zufolge – Charakteristika der normalen Wissenschaft.

Nun scheint aber die normale Wissenschaft im Widerspruch zu einer anderen grundlegenden Eigenschaft der Wissenschaft zu stehen: zur Erzeugung neuen Wissens. In der Tat sind ja im Verlauf der Wissenschaftsgeschichte immer wieder völlig *neue* Einsichten hervorgebracht worden, so daß sich die Frage stellt, ob Kuhns Konzept der normalen Wissenschaft nicht konträr zu diesem innovativen Wesenszug der Wissenschaft steht. Denn so wie Kuhn die normale Wissenschaft definiert, ist sie ein »konservatives«, wenn nicht gar »dogmatisches« Unternehmen: »Die normale Wissenschaft strebt nicht nach neuen Tatsachen und Theorien und findet auch keine, wenn sie erfolgreich ist.« (SWR 65) Wir haben uns daher dem Problem zuzuwenden, warum eine solch »konservative« wissenschaftliche Praxis die Entstehung neuen Wissens nicht verhindert, sondern – das ist Kuhns Pointe – sogar fördert.

Werfen wir zu diesem Zweck zunächst einen Blick zurück auf die frühen Entwicklungsstadien der Wissenschaft, in denen sich noch kein Paradigma allgemeinverbindlich durchgesetzt hatte. Zwar verfügen die konkurrierenden Schulen auch hier schon über Theorien, die als Leitfaden ihrer Forschungstätigkeit dienen; doch diese Theorien sind meist nicht sehr exakt ausformuliert und die Erwartungen, die die Wissenschaftler aufgrund dieser Theorie der Natur gegenüber hegen, sind noch nicht sehr präzise. Die Forschung hat vielfach den Charakter eines Zusammentragens von Informationen und ist in hohem Maße noch »offen« gegenüber der Natur. Mit dem Übergang zur normalen Wissenschaft verliert die Wissenschaft die »Offenheit«: das Paradigma sagt den Forschern, wie die Welt beschaffen ist, welche Phänomene in ihr vorkommen und welche nicht und es sagt ihnen, zu welchen Ergebnissen sie kommen werden, wenn sie eine bestimmte Beobachtung anstellen oder ein bestimmtes Experiment durchführen werden. Damit aber tritt ein für den Fortschritt der Wissenschaft zu grundlegend *neuen* Erkenntnissen wesentlicher Effekt ein: je präziser die Erwartungen an die Natur und die Voraussagen über ihr Verhalten werden, desto geringere Abweichungen zwischen einem erwarteten und einem eingetretenen Phänomen können als *Anomalie,* als ein Versagen der Theorie erscheinen. Mit anderen Worten: solange die

Forscher noch »offen« gegenüber der Natur sind, wird kein Ereignis so leicht als Anomalie erscheinen und so lange werden die Forscher auch keine Probleme mit der Anpassung ihrer Theorien an das neue Phänomen haben; liegt aber eine detailliert ausgearbeitete Theorie vor, so können schon geringe quantitative Abweichungen zwischen Prognose und Tatsache als eine unerwartete Neuheit erscheinen. Durch die zunehmende »Esoterik« und Subtilität der normalen Wissenschaft wird die Forschung in gewissem Sinne zunehmend starrer, »konservativer«, zugleich aber auch zunehmend exakter. Und durch diese wachsende Genauigkeit einerseits und durch die wachsende Konzentration auf einen speziellen Forschungsgegenstand (für den dann in den Naturwissenschaften häufig komplizierte technische Apparaturen entwickelt werden), kommt es schließlich zu der Entdeckung von Anomalien: es tritt eine Diskrepanz zwischen dem vom Paradigma vorausgesagten und dem realen Verhalten der Natur auf. Solche Anomalien können (wie wir im folgenden Kapitel noch sehen werden) schließlich zu einer Krise der normalen Wissenschaft führen, an deren Ende das herrschende Paradigma fallengelassen und ein neues Paradigma eingeführt wird. Gerade der »Konservatismus« der normalen Wissenschaft hat dann die Entstehung des neuen Wissens in entscheidender Weise vorbereitet. »Eine Anomalie stellt sich nur vor dem durch das Paradigma gelieferten Hintergrund ein. Je exakter und umfassender dieses Paradigma ist, desto empfindlicher ist es als Indikator für Anomalien und damit für einen Anlaß zu einer Paradigmaveränderung.« (SWR 77)

Anstatt die Entstehung des Neuen zu unterbinden und revolutionäre Umstürze im Gebäude der Wissenschaft zu verhindern, führt die normale Wissenschaft sie um so sicherer herbei. Ihr scheinbarer »Konservatismus« gewinnt in einer Art dialektischem Umschlag eine innovative, ja revolutionäre Funktion:

»Unter gewöhnlichen Umständen ist der Forscher kein Neuerer, sondern er löst Probleme, und zwar gerade solche, von denen er glaubt, daß die sich innerhalb der bestehenden wissenschaftlichen Tradition stellen und lösen lassen. Jedoch – das ist der springende Punkt – war der Endeffekt dieser traditionsgebundenen Arbeit stets die Veränderung der Tradition. Immer wieder hat der fortgesetzte Versuch, eine anerkannte Tradition zu verdeutlichen, schließlich zu einer jener Wandlungen der grundlegenden Theorien, der Problemgebiete und der wissenschaftlichen Maßstäbe geführt, die ich als wissenschaftliche Revolution bezeichnet habe. Jedenfalls für die wissenschaftliche Gemeinschaft als ganze scheint das Arbeiten im Rahmen einer wohlbestimmten und fest verankerten Tradition eher zu traditionsumstürzenden Neuerungen zu führen als ein Arbeiten, das sich nicht an vergleichbar konvergente Standards hält. Wie ist das möglich? Ich glaube, es liegt daran, daß keine andere Tätigkeit auch nur annähernd so gut geeignet ist, ständige und konzentrierte Aufmerksamkeit auf jene Schwierigkeiten oder Krisenursachen zu lenken, von deren Erkennung die grundlegendsten Fortschritte in der reinen Wissenschaft abhängen.« (DEN 317f.).

Nach Kuhn ist es daher nicht die von den kritischen Rationalisten geforderte ständige Kritik an den herrschenden Überzeugungen, nicht die Revolution im Permanenz, die den für die Naturwissenschaften so charakteristischen Fortschritt erzeugt, sondern *die grundlegende Spannung zwischen Tradition und Neuerung* (DEN 308–326). Im Gegensatz zu Popper, der dem Normalwissenschaftler nachsagt, er sei »schlecht unterrichtet« und »in einem dogmatischen Geiste erzogen« worden, hebt Kuhn hervor, »daß die Wissenschaft in allen ihren Teilen erst dann größere und raschere Fortschritte gemacht hat, als diese konvergente Ausbildung und die entsprechende konvergente normale Wissenschaftsausübung möglich geworden war« (DEN 321).

13. Es zeigt sich hier, daß die Differenz zwischen den Konzeptionen Poppers und Kuhns nicht nur darin besteht, daß Popper ein Phänomen, das Kuhn für »normal« hält, seinerseits ablehnt, auch wenn er seine Existenz zugibt. Die Differenz betrifft vielmehr die Frage nach der Grundlage des besonderen Erfolges der Naturwissenschaften: welcher Aspekt, welche Komponente zeichnet die Naturwissenschaften vor der Philosophie, den Sozialwissenschaften etc. aus? Während Popper die Falsifizierbarkeit zum Kriterium der Abgrenzung zwischen der Wissenschaft und der Gesamtheit der Pseudowissenschaften erhebt, ist es nach Kuhn die normale Wissenschaft, die eine reife Disziplin von ihren proto-wissenschaftlichen Stadien unterscheidet. Permanente Revolution, wie sie der kritische Rationalismus fordert, ist ein Charakteristikum der Philosophie oder der Künste: wer hier Bedeutung erlangen will, der muß in der Tat mit einer Fundamentalkritik der bisherigen Systeme und Anschauungen beginnen und selbst ein von Grund auf neues System, eine neue Anschauung und eine neue Praxis entwickeln. Permanente Kritik und ständiger Bruch mit der Tradition sind daher Entwicklungseigenschaften gerade derjenigen Gebiete, die nach kritisch-rationalistischer Auffassung *nicht* rational und *nicht* wissenschaftlich sind (BMK 235f.). Andererseits haben es diese Gebiete niemals zu einer den Naturwissenschaften vergleichbaren Praxis der normalen Wissenschaft gebracht. Traditionsbruch und radikaler Neubeginn kommen zwar auch in den Naturwissenschaften vor, doch stehen sie hier stets am Ende von

Perioden normaler Wissenschaft, durch die sie systematisch vorbereitet wurden.

»In den entwickelten Wissenschaften sind es – anders als in der Philosophie – die technischen Rätsel, die die Gelegenheit und oft auch konkretes Material für die Revolution zur Verfügung stellen. Ihre Zugänglichkeit, zusammen mit der Information und den Signalen, die sie geben, sind weitgehend für die spezielle Natur des wissenschaftlichen Fortschritts verantwortlich. Diejenigen, die die reifen Wissenschaften praktizieren, können eben deswegen die Natur mit einer solchen esoterischen Tiefe und mit einer sonst gar nicht denkbaren Ausführlichkeit erforschen, weil sie gewöhnlich die geltende Theorie als selbstverständlich annehmen dürfen und sie diese eher ausbeuten als kritisieren. Sie können sich darauf verlassen, daß das Vollziehen der Normalwissenschaft sie darüber informieren wird, wann und wo sie mit dem größten Nutzen zu Popperschen Kritikern werden können, da die Erforschung der Natur die wichtigen unklaren Stellen doch isolieren wird.« (BMK 239)

Der Begriff »normale Wissenschaft« spielt offenbar in Kuhns Wissenschaftstheorie eine analoge Rolle wie der Begriff der Falsifizierbarkeit im kritischen Rationalismus: er dient als *Abgrenzungskriterium.* Deutlich wird diese Abgrenzungsfunktion der normalen Wissenschaft in Kuhns Analyse der Astrologie. In Übereinstimmung mit Popper geht auch Kuhn davon aus, daß die Astrologie keine Wissenschaft ist, führt dies aber auf andere Gründe zurück. Seiner Auffassung nach geht Poppers Diagnose, die Astrologen hätten ihre Theorie der Testbarkeit entzogen, um sie vor der Falsifikation zu schützen, nach Kuhn fehl, weil sie übersieht, daß auch in den Wissenschaften Fehlprognosen vorkommen, ohne daß die Wissenschaftler ihre Theorien deshalb als falsifiziert betrachteten. Hier führen solche Fehlprognosen jedoch zu entsprechenden Modifikationen des Paradigmas, durch die die prognostische Zuverlässigkeit schrittweise verbessert werden kann; die Astrologen haben demgegenüber nicht die Möglichkeit, aus ihren Fehlern Konsequenzen zu ziehen, durch die das prognostische Instrumentarium ihrer Theorie dauerhaft verbessert wird. Im Gegensatz zu den echten Wissenschaften hat die Astrologie niemals einen Weg gefunden, auf dem die Probleme ihres Faches sich in lösbare Rätsel hätten umwandeln können.

»Man vergleiche die Situation des Astronomen und diejenige des Astrologen. Ging die Voraussage eines Astronomen fehl und erwiesen sich seine Berechnungen als falsch, so durfte er die Hoffnung hegen, die Lage zurechtlegen zu können. Vielleicht waren die Angaben verfehlt: Man konnte die alten Beobachtungen überprüfen und neue Vermessungen durchführen. Alle diese Dinge gaben eine ganze Reihe von Rätseln auf im

Zusammenhang mit den Berechnungen und mit den Instrumenten. Oder es war vielleicht nötig, die Theorie zu korrigieren, entweder dadurch, daß man die Epizykel, die Exzenter oder die Sekanten manipulierte, oder es waren noch grundlegendere Reformen der astronomischen Technik nötig. Dies waren über mehr als ein Jahrtausend die theoretischen und mathematischen Rätsel, um die herum, zusammen mit ihren instrumentalen Ergänzungen, sich die Tradition der astronomischen Forschung gruppierte. Die Astrologen hatten dagegen gar keine solchen Rätsel. Vorkommnisse des Versagens ließen sich erklären, aber die Fälle des Versagens gaben keinen Anlaß dazu, nach Rätseln zu forschen; denn mochte der einzelne Mensch auch noch so geschickt gewesen sein, er konnte diese Fälle doch nicht dazu benützen, um eine konstruktive Revision der astrologischen Tradition zu versuchen. Es gab allzu viele mögliche Quellen der Schwierigkeiten, und die meisten von diesen übertrafen die Kenntnisse, die Kontrolle oder die Verantwortlichkeit des einzelnen Astrologen. Dementsprechend waren die individuellen Fehler nicht von informativer Art, und sie warfen kein Licht auf die Kompetenz dessen, der die Prognose aufgestellt hatte, in den Augen seiner Fach-Rivalen. Obwohl meistens dieselben Leute Astronomie und auch Astrologie regelmäßig praktizierten – unter diesen waren Ptolemäus, Kepler und Tycho Brahe –, gab es kein astrologisches Äquivalent für die Rätsellösung in der astronomischen Tradition. Und ohne Rätsel, die zuerst die Geschicklichkeit jenes Individuums herausgefordert und auf die Probe gestellt hätten, das die Fertigkeit praktizierte, konnte sich die Astrologie nicht zu einer Wissenschaft entwickeln – auch dann nicht, wenn die Sterne wirklich einen Einfluß auf das Schicksal der Menschen ausgeübt hätten.« (PWA 9f.)

Ein wichtiger Unterschied zu Popper besteht allerdings darin, daß Kuhn die Normalwissenschaft nicht als ein *normatives* Abgrenzungskriterium verstanden wissen will; während Popper die Falsifizierbarkeit als ein Postulat formuliert, d.h. von jedem wissenschaftlichen Satz Falsifizierbarkeit verlangt, verwendet Kuhn den Begriff der Normalwissenschaft *deskriptiv*. Für ihn ist die normale Wissenschaft daher vor allem die Scheidelinie zwischen Proto-Wissenschaft und reifer Wissenschaft, die zwei Entwicklungsstadien ein und desselben Unternehmens trennt; während Poppers Forderung nach Falsifizierbarkeit zwei verschiedene, ja gegensätzliche Unternehmen voneinander abgrenzt: Wissenschaft und Pseudo-Wissenschaft. In diesem Unterschied zwischen einer normativen und einer deskriptiven Fassung des Abgrenzungsproblems äußern sich gegensätzliche Ansichten über die Aufgaben der Wissenschaftstheorie: für Popper steht die Überwindung der Pseudo-Wissenschaft und die universale Durchsetzung der einzig rationalen Vorgehensweise im Vordergrund des Interesses; Kuhn hingegen geht davon aus, daß die Wissenschaftstheorie zunächst die Aufgabe hat, den realen Entwicklungsprozeß der Wissenschaft zu beschreiben und den zugrundeliegenden Entwicklungsmechanismus freizulegen, bevor normative Sätze formuliert werden können. Da die rätsellösende Tätigkeit für Kuhn die Grundlage der einzigartigen Erfolge der Naturwissenschaften und damit das entscheidende Charakteristikum jeglicher reifen Wissenschaft ist, spielt der Begriff »normale Wissenschaft« in seiner Konzeption die Rolle einer geheimen *Zentralkategorie*. Obwohl in Kuhns Selbstdarstellungen, wie auch in der Rezeption seiner Auffassungen, meist die Kategorie »Paradigma« im Vordergrund gestanden hat, bildet in der Architektonik seiner Konzeption nicht das Paradigma, sondern die normale Wissenschaft das Fundament, auf dem das wissenschaftstheoretische Gebäude Kuhns aufgebaut ist. Diese grundlegende Rolle des Begriffs der Normalwissenschaft wird deutlich, wenn man ihn zu jenen beiden Kategorien in Beziehung setzt, die zum »Markenzeichen« der Kuhnschen Konzeption geworden sind: die Kategorien »Revolution« und »Paradigma«. Schon durch den Titel des Hauptwerkes von Kuhn »Die Struktur wissenschaftlicher Revolutionen« mußte der Eindruck erweckt werden, daß der Revolutionsbegriff eine Fundamentalkategorie Kuhns sei; es soll hier auch durchaus nicht die wichtige Rolle dieses Begriffs in Zweifel gezogen werden. Allerdings zeigt die genauere Analyse der Kuhnschen Argumentation, daß »Revolution«, so wie dieser Begriff von ihm gedeutet wird, nicht unabhängig von »normaler Wissenschaft« ist: die Revolution ist für Kuhn vielmehr eine Konsequenz der rätsellösenden Tätigkeit (genauer: eine Konsequenz ihres notwendigen Scheiterns). Mit vollem Recht kann Kuhn daher in seiner Auseinandersetzung mit Popper darauf verweisen, daß die normale Wissenschaft (sowohl begrifflich als auch faktisch) Voraussetzung für die Revolution ist: »Die Existenz der Normalwissenschaft ist ein Korollarium zur Existenz der Revolutionen [...] Existierte sie nicht (oder wäre sie nicht wesentlich, nebensächlich vom Gesichtspunkt der Wissenschaft aus), so wären auch die Revolutionen in Gefahr.« (BMK 225f.)

Ähnlich ist es mit dem Begriff »Paradigma«. Die meisten Interpreten haben angenommen, daß er gegenüber dem der normalen Wissenschaft primär sei, denn die normale Wissenschaft ist ja als eine paradigmagebundene Tätigkeit definiert. Nun hat Kuhn aber bereits im Vorwort zu SWR (11) angedeutet, daß auch die Proto-Wissenschaften schon über Paradigmen verfügen; und in PS hat er diesen Gedanken dahingehend weitergeführt, daß es nur eine ganz *besondere Art* von Paradigma sein kann, das eine wissenschaftliche Gemeinschaft erwirbt, wenn sie das Stadium der Reife erreicht: die Spezifik dieser besonderen Art von Paradigma besteht aber in nichts anderem als der Ermöglichung der normalen rätsellösenden Forschung (PS 190). Mit anderen Worten: was eine reife Wissenschaft auszeichnet, ist nicht der Besitz eines Paradigmas, sondern die normalwissenschaftliche Praxis; und diese Praxis ist nicht zureichend definiert, wenn man sie als paradigmagebunden bestimmt, denn auch die proto-wissenschaftliche Arbeit ist paradigmagebunden, aber deswegen noch nicht normalwissenschaftlich. Umgekehrt kann aber das reife Paradigma dadurch definiert werden, daß es eine normalwissenschaftliche Praxis ermöglicht.

Vor diesem Hintergrund wird deutlich, warum die von vielen Kritikern bemängelte unscharfe Bestimmung des Paradigma-Begriffs in SWR keineswegs zufällig war. Unter dem Begriff Paradigma (=disziplinäres System) sind alle Faktoren zusammengefaßt, die für die Forschung von Relevanz sind: er umfaßt sämtliche Voraussetzungen, die gegeben sein müssen, damit überhaupt Wissenschaft betrieben werden kann. Diese umfassende Begriffsbestimmung ist aber keineswegs Ausdruck einer definitorischen Nachlässigkeit, sondern durch die Struktur des Kuhnschen Wissenschaftskonzepts systematisch bedingt. Wir erkennen jetzt – worauf St. Amsterdamski erstmalig hingewiesen hat –, daß die übliche Verhältnisbestimmung zwischen den Begriffen »Paradigma« und »normale Wissenschaft« umgekehrt werden muß: nicht der Begriff »Paradigma« ist primär, sondern der Begriff »normale Wissenschaft«; indem Kuhn nämlich die normalwissenschaftliche Praxis zum wesentlichen Charakteristikum der Wissenschaft erklärt, muß er den Paradigmabegriff zu konstruieren, daß er alle Komponenten umfaßt, die für den Betrieb der normalen Wissenschaft erforderlich sind. »Indem er den Begriff des Paradigmas so konstruiert, daß er seinem Begriff der normalen Wissenschaft entspricht, ist er gezwungen, verschiedene heterogene Faktoren in ihn einzuschließen, die kein kohärentes Ganzes ausmachen. Der Begriff des Paradigmas umfaßt daher Elemente wie Laboratoriumsausstattung, Lehrbücher, Monographien, die Muster für die Lösung wissenschaftlicher Probleme beschreiben, und ebenso die soziologische Beschreibung der wissenschaftlichen Gemeinschaft und ontologische Annahmen über die Struktur des Universums etc.. Obwohl es angeblich das Paradigma ist, das die Weise der Durchführung der normalen Wissenschaft bestimmt, ergibt sich Kuhns Verständnis dieses Begriffs in Wahrheit aus seinem Verständnis der normalwissenschaftlichen Tätigkeit.« (Amsterdamski S. 120)

Literatur

Amsterdamski, Stefan: Between Experience and Metaphysics. Philosophical Problems of the Evolution of Science. Dordrecht/Boston 1975.

Böhme, Gernot u. a.: Starnberger Studien 1. Die gesellschaftliche Orientierung des wissenschaftlichen Fortschritts. Frankfurt/M. 1978.

Feyerabend, Paul K.: Kuhns Struktur wissenschaftlicher Revolutionen – ein Trostbüchlein für Spezialisten? In: KUE, S. 191–222.

Girill, T. R.: The Logic of Scientific Puzzles. In: Zeitschrift für allgemeine Wissenschaftstheorie IV/1 (1973), S. 25–40.
Krohn, Wolfgang: ›Intern-extern‹, ›sozial-kognitiv‹. Zur Solidität einiger Grundbegriffe der Wissenschaftsforschung. In: Clemens *Burrichter* (Hrsg.), Grundlegung der historischen Wissenschaftsforschung, Basel/Stuttgart 1979, S. 123–148.
Lakatos, Imre: Falsifikation und die Methodologie wissenschaftlicher Forschungsprogramme. In: KUE, S. 89–189.
Lefèvre, Wolfgang: Zur Kuhn-Debatte. In: Sozialistische Politik 9 (1977), Heft 2, S. 59–71.
Loitsch, Monika/*Richter*, Frank: Zur Determination von Wissenschaft. In: Deutsche Zeitschrift für Philosophie 28 (1980), S. 661–674.
Mendelsohn, Everett: The Social Construction of Scientific Knowledge. In: *Mendelsohn*, Everett / *Weingart*, Peter / *Whitley*, Richard (Hrsg.): The Social Production of Scientific Knowledge. Sociology of the Sciences, Vol. 1. Dordrecht/Boston 1977, S. 3–26.
Mittelstraß, Jürgen: Prolegomena zu einer konstruktiven Theorie der Wissenschaftsgeschichte. In: Die Möglichkeit von Wissenschaft. Frankfurt/M. 1974, S. 106–144.
Popper, Karl R.: Logik der Forschung. Tübingen 1971.
Popper, Karl R.: Die *Normalwissenschaft* und ihre Gefahren. In: KUE, S. 51–57.
Stegmüller, Wolfgang: Probleme und Resultate der Wissenschaftstheorie und analytischen Philosophie. 2. Band: Theorie und Erfahrung; 2. Halbband: Theorienstrukturen und Theoriendynamik. Berlin/Heidelberg/New York 1973, S. 177–183, 224–231.
Ströker, Elisabeth: Geschichte als Herausforderung. Marginalien zur jüngsten wissenschaftstheoretischen Kontroverse. In: Neue Hefte für Philosophie 6/7 (1974), S. 27–66.
Toulmin, Stephen: Ist die Unterscheidung zwischen Normalwissenschaft und revolutionärer Wissenschaft stichhaltig? In: KUE, S. 39–47.
Watkins, John: Gegen die ›Normalwissenschaft‹. In: KUE, S. 25–38.
Wolff, Michael: Über den methodischen Unterschied zwischen »äußerer« und »innerer« Wissenschaftsgeschichte. In: WUR, S. 58–71.

14. In den Perioden der normalen Wissenschaft richtet sich die ganze Aufmerksamkeit der Forscher auf die Lösung jener Detailprobleme, die das Paradigma offengelassen hat. Doch obwohl die normale Wissenschaft nicht auf die Entdeckung neuer Phänomene, sondern auf die Verdeutlichung der bereits bekannten orientiert ist, führt die esoterische Konzentration auf winzige Teilbereiche der Natur und die wachsende Präzisierung der Forschungsinstrumente am Ende unvermeidlich zu gewissen *Anomalien.* Es handelt sich hierbei um Differenzen zwischen Paradigma und Realität, die für den weiteren Entwicklungsgang einer wissenschaftlichen Disziplin deshalb von großer Bedeutung sind, weil solche Anomalien die rätsellösende Tätigkeit mitunter in eine tiefe Krise stürzen können; es erscheint dann nicht länger als sinnvoll, auf der Grundlage des alten Paradigmas weiterhin normale Wissenschaft zu betreiben und so muß dieses Paradigma verworfen und ein neues an seine Stelle gesetzt werden. Anomalien sind somit der erste Schritt auf dem Weg zu einer wissenschaftlichen Revolution.

Doch was ist eine Anomalie? Wann kann (oder muß) davon gesprochen werden, daß ein Paradigma bei der Lösung eines Problems versagt hat? Die Zielrichtung dieser Fragen wird deutlich, wenn wir uns daran erinnern, daß die normale Wissenschaft *immer* mit Problemen, d.h. mit Differenzen zwischen den Aussagen des Paradigmas und dem wirklichen Verhalten der Natur konfrontiert ist: diese Differenzen sind nichts anderes als die »Rätsel«, die von der normalen Wissenschaft durch empirische und theoretische Forschung aufgelöst werden. Am Anfang, sagt Kuhn, ist der Erfolg eines Paradigmas »Weitgehend eine Verheißung von Erfolg« (SWR 38); kein Paradigma wird von einer wissenschaftlichen Gemeinschaft angenommen, weil es *alle* Probleme löst (das kommt nur selten vor und würde die weitere Forschung auf dem betreffenden Gebiet überflüssig machen (SWR 92)), sondern weil die Hoffnung besteht, auf seiner Grundlage durch weitere Forschung diese Probleme lösen zu können. Das heißt zugleich aber auch, daß die normale Wissenschaft von Beginn an mit einer Vielzahl ungelöster Probleme konfrontiert ist und diese Probleme beruhen zum größten Teil auf Unstimmigkeiten zwischen Paradigma und Realität; jedes Rätsel ist, wenn man so will, eine »Anomalie«. Aber auch in der weiteren Entwicklung der normalwissenschaftlichen Praxis verschwinden diese Unstimmigkeiten keineswegs; sicherlich werden viele von ihnen beseitigt, aber andererseits kommen mit der Verfeinerung der Theorie und der Präzisierung der Empirie auch neue hinzu. Die normale Wissenschaft und das Stadium der Krise unterscheiden sich daher keineswegs dadurch,

> »daß die erstere keinen Gegenbeispielen ausgesetzt wäre. Im Gegenteil, was wir vorher die Rätsel nannten, welche die normale Wissenschaft ausmachen, existiert nur, weil kein Paradigma, das eine Grundlage für die wissenschaftliche Forschung bildet, jemals alle ihre Probleme vollständig lösen kann ... Außer den rein instrumentellen Problemen kann jedes von der normalen Wissenschaft für ein Rätsel gehaltene Problem von einem anderen Standpunkt aus als Gegenbeispiel betrachtet werden, und damit auch als Ursache für eine Krise«. (SWR 92)

Kuhn weist darauf hin, daß sogar relativ große Diskrepanzen zwischen Theorie und Natur auftreten und über eine längere Periode ungelöst bleiben können, ohne daß das entsprechende Paradigma in Frage gestellt wird; und in der Tat gelingt es der normalen Wissenschaft am Ende dann doch, die jeweilige »Anomalie« zu beseitigen (SWR 94).

Kuhn zieht daraus die Schlußfolgerung, »daß eine Anomalie, wenn sie eine Krise hervorrufen soll, mehr sein muß als nur eine Anomalie« (SWR 95). Doch worin besteht dieses »mehr«? Nach Kuhn gibt es darauf »keine völlig allgemeingültige Antwort« (SWR 95); die von ihm diskutierten Fallbeispiele zeigen, daß für die Verwandlung einer Anomalie in eine Krise sehr unterschiedliche Faktoren verantwortlich sein können. Letztlich entscheidend ist das *Bewußtsein* der wissenschaftlichen Gemeinschaft: ob es sich bei einer Diskrepanz zwischen Paradigma und Realität um ein normales Rätsel handelt, oder um eine Krise, hängt von der Beurteilung des konkreten Falles durch die Gruppe ab. Die Untersuchung des Krisenstadiums einer Wissenschaft fällt seiner Auffassung nach daher »eher in das Fachgebiet des Psychologen als des Historikers« (SWR 99). Das von Kuhn in diesem Zusammenhang verwendete Vokabular ist daher auch in starkem Maße psychologisch geprägt:

> »Wenn aus diesen oder ähnlichen Gründen eine Anomalie mehr zu werden *scheint* als lediglich ein weiteres Rätsel der normalen Wissenschaft, so hat der Übergang zur Krise und zur außerordentlichen Wissenschaft begonnen. Die Anomalie wird jetzt von der Fachwissenschaft allgemeiner als solche *erkannt*. Immer mehr *Aufmerksamkeit* wird ihr seitens der hervorragendsten Vertreter des Fachgebietes gewidmet. Leistet sie weiterhin Widerstand, was sie gewöhnlich nicht tut, so können viele Wissenschaftler zu der *Ansicht* kommen, daß ihre Bewältigung die Hauptaufgabe ihrer Disziplin sei. Ihnen *scheint* dann das Gebiet nicht mehr ganz das zu sein, das es vorher war.« (SWR 95f. – alle Hervorhebungen von mir – K. B.)

Natürlich ist diese Darstellung, wie Kuhn an anderer Stelle zugibt, »verschwommen und unsicher« (BMK 240). Doch dies sei notwendig der Fall, da es keine allgemeingültigen Kriterien gibt, die in jeder möglichen Entscheidungssituation eindeutig festlegen, ob eine gegebene Diskrepanz zwischen Theorie und Realität ein bloßes Rätsel oder aber eine Anomalie ist. Kuhn mißtraut auch hier wieder der Leistungsfähigkeit methodologischer Regeln; während die Vertreter der analytischen Philosophie danach streben, das Verhalten der Wissenschaftler durch Regeln möglichst eindeutig festzulegen (für den vorliegenden Fall etwa in der Art: Wenn du auf eine so-und-so beschaffene Diskrepanz zwischen Theorie und Realität stößt, mußt du deine Theorie fallenlassen, während du bei anderen Diskrepanzen davon ausgehen darfst, daß sie im Rahmen der Theorie noch lösbar sein werden), geht Kuhn davon aus, daß solche Regeln niemals der Komplexität der jeweiligen Entscheidungssituation gerecht werden können; er vertraut daher auf das fachliche Urteilsvermögen und die Kompetenz der beteiligten Wissenschaftler. Der Entscheidungsprozeß, der auf diese Weise zustande kommt, ist zwar weit weniger eindeutig, als es ein durch Regeln streng normierter Entscheidungsprozeß wäre, doch gerade dies ist nach Kuhn ein Vorteil.

»Es muß allen Wissenschaftlern beigebracht werden – das ist ja ein lebenswichtiges Element in ihrer Ideologie –, daß sie lebhaft und verantwortlich auf das Versagen einer Theorie reagieren sollen; einerlei, ob dieses Versagen den Namen ›schwere Anomalie‹ oder ›Falsifikation‹ führt. Außerdem müssen den Wissenschaftlern Beispiele zur Verfügung stehen, was man von ihren Theorien bei sorgfältiger und geschickter Behandlung erwarten darf. Steht ihnen nur soviel zur Verfügung, so werden sie natürlich in konkreten Fällen häufig zu verschiedenen Urteilen kommen. Der eine wird einen Grund für eine Krise darin erblicken, worin ein anderer nur mangelhafte Evidenz sieht. Aber sie werden dennoch urteilen, und die Tatsache, daß ihre Urteile abweichend sind, mag ihren Beruf retten. Viele Urteile, wonach eine Theorie aufgehört hatte, eine rätsellösende Tradition hinreichend zu unterstützen, erwiesen sich mit der Zeit als falsch. Wäre das Urteil von Anfang an einstimmig gewesen, so wäre keiner geblieben, um nachzuweisen, daß die vorhandene Theorie die nur scheinbare Anomalie dennoch zu erklären vermag. Oder wenn umgekehrt keiner das Wagnis auf sich genommen hätte, eine alternative Theorie zu suchen, dann hätte niemand jenen revolutionären Wandel inauguriert, wovon die wissenschaftliche Entwicklung abhängig ist. Wie Watkins schreibt: ›Es muß ein kritisches Niveau geben, bei dem eine Menge von Anomalien, die man noch ertragen kann, in eine nicht mehr erträgliche übergeht.‹

Aber diese Stufe braucht keineswegs für einen jeden dieselbe zu sein; und es ist auch keineswegs nötig, daß jeder einzelne die Grenzen seiner Toleranz im voraus präzisiert. Er muß nur mit Sicherheit wissen, daß er eine solche Grenze hat und daß er durch bestimmte Arten von Unstimmigkeiten in Richtung auf diese Grenze getrieben wird.« (BMK 240).

Wenn die Vertreter der analytischen Philosophie (insbesondere die Anhänger des kritischen Rationalismus) auf diese Darstellung Kuhns mit dem Vorwurf des Irrationalismus reagiert haben, so kann dem nur insofern zugestimmt werden, als Kuhns Krisen-Analyse sich in starkem Maße auf eine *Beschreibung* des Bewußtseins der beteiligten Forscher beschränkt, wo es darauf ankäme, dieses Bewußtsein zu *erklären*, d.h. auf seine Ursachen und Gründe zurückzuführen. Ansätze dazu sind von Kuhn selbst im Hinblick auf die Bedeutung quantitativer Anomalien (DEN 278–287), und von I. Lakatos mit der Unterscheidung zwischen einer »progressiven« und einer »degenerativen« Problemverschiebung (Geschichte S. 281; Falsifikation S. 115f.) geliefert worden. Doch auch solche Präzisierung führen nicht zu Regeln, die den Entscheidungsprozeß der Wissenschaftler in der konkreten Situation eindeutig festlegen können.

15. Die mit Kuhns Begriff der Krise verbundene Problematik besteht nicht so sehr in der Negation allgemeingültiger Regeln, sondern bezieht sich auf die Frage, ob die Vorbereitungsphase wissenschaftlicher Revolutionen mit diesem Begriff faktisch adäquat erfaßt werden kann, ob also Krisen wirklich die ihnen von Kuhn zugeschriebene Rolle spielen. Es erscheint sinnvoll am Beispiel des Krisenbegriffs die historisch-faktische Stimmigkeit des Kuhnschen Wissenschaftsmodells zu prüfen, denn der Erfolg dieses Modells und sein weitreichender theoretischer Einfluß werden gemeinhin darauf zurückgeführt, daß hier erstmals eine umfassende Wissenschaftskonzeption nicht in abstracto »konstruiert«, sondern als Ergebnis wissenschaftshistorischer Forschungen vorgelegt worden sei. Seine Darstellung gilt daher als in hohem Maße »empirisch gesichert«, zumal in SWR immer wieder auf historische Fallbeispiele Bezug genommen wird. Nun besteht aber andererseits bei Wissenschaftskonzeptionen von der historischen und systematischen Reichweite des Kuhnschen Modells immer wieder die Gefahr, die historischen Tatsachen nicht nur zu deuten, sondern zugleich auch bestimmte Tatsachen zu »produzieren« und andere zu unterschlagen; und es deutet einiges darauf hin, daß auch Kuhn dieser Gefahr nicht entgangen ist. Gerade am Beispiel des Krisenbegriffs, für den nach Kuhn »die historische Beweislage völlig eindeutig ist« (SWR 80), läßt sich zeigen, daß der scheinbaren Evidenz der Kuhnschen Fallbeispiele mit Vorbehalten begegnet werden sollte; es besteht nämlich durchaus Anlaß, das bisweilen

naive Vertrauen in die empirische Fundierung der Kuhnschen Theorie auf seiten vieler Sozial- und Kulturwissenschaftler zu relativieren.

Es liegt inzwischen eine Reihe von Fallstudien vor, in denen die wissenschaftsgeschichtliche Triftigkeit des Kuhnschen Modells überprüft worden ist (vgl. vor allem den von Diemer herausgegebenen Sammelband; außerdem die Aufsätze von Greene und Hoyer). Von verschiedenen Autoren ist darüber hinaus vor allem Kuhns Darstellung der Copernicanischen Revolution kritisch analysiert worden (Hall, Krafft, Nobis, Oeser, Ravetz), wobei fast alle diese Studien zu dem Ergebnis kommen, daß diese Darstellung faktisch unzutreffend, zumindest aber einseitig und verkürzt ist. Vor allem sind erhebliche Zweifel an der Existenz einer vorhergehenden Krise angemeldet worden. »Die Vorstellung, es habe kurz vor der Revolution eine Auseinandersetzung unter den Astronomen wegen ungelöster Rätsel stattgefunden, ist nicht zu belegen ... Es wucherten keine Theorien und keine Varianten der alten Theorie. Von einem Zerfall in Schulen kann keine Rede sein. Auch von einem partiellen Wechsel der Werkzeugausstattung ist nichts zu sehen. Neue Daten werden nicht geliefert durch den Rest der normalen Wissenschaft, und außerordentliche Wissenschaft existiert nicht. Wenigstens bietet kein Kopernikus-Fachmann Anhaltspunkte dafür.« (Meyer S. 35f.) Diese Einwände sind deshalb besonders aufschlußreich, weil Kuhn als Experte für die Copernicanische Revolution gelten kann, war sie doch der Gegenstand seiner ersten Buchpublikation (DKR). Außerdem führt Kuhn in SWR immer wieder die Copernicanische Revolution als klassisches Beispiel für wissenschaftliche Revolutionen überhaupt an; stellt sich nun heraus, daß dieses »klassische« Beispiel in Wirklichkeit eher als Gegenbeispiel anzusehen ist, so müßte dies um so größeren Anlaß für eine zurückhaltende Einschätzung der wissenschaftshistorischen Leistungsfähigkeit des Kuhnschen Entwicklungsmodells geben. »Gerade bei Kuhn wird also von der Wissenschaftstheorie und besonders von allen anderen, weniger kritischen Disziplinen her vorausgesetzt, daß das historische Daten- und Faktenmaterial, das er zugrundelegt oder dem er seine Beispiele entnimmt, richtig verwendet ist, richtig gedeutet ist und beliebig vermehrt werden kann – und daß es keine Gegenbeispiele gibt. Dieses unbedingte Vertrauen in das Basismaterial – wohl bedingt durch das Vertrauen in die naturwissenschaftliche Methodik – ist allerdings grundsätzlich verfehlt [...] Kuhns Strukturmodell wird fälschlich gegenüber anderen als empirisch fundiert angesehen. An seinem Musterbeispiel der sog. Copernicanischen Revolution wird demgegenüber aufgewiesen:

a) Konkurrenztheorien brauchen nicht als solche *bewußt* gesucht zu werden, sondern können sich im nachherein ergeben.

b) Voraussetzung sind weder ein Krisenbewußtsein noch eine Krise überhaupt.

c) ›Krise‹ der und Kritik an der ptolemäischen Astronomie (die von Kuhn fälschlich mit Geozentrik gleichgesetzt wird und umgekehrt) sind mindestens ebenso als wie diese selber.

d) Die Copernicanische Astronomie basiert auf den ptolemäischen

Daten und transformiert diese in eine konstruktiv gewonnene, im Prinzip vorptolemäische Form der Theorie der Ausgleichsbewegung, was mit strikter Paradigmatreue umschrieben werden müßte. Die Heliostatik ist demgegenüber für Copernicus anfänglich nebensächlich, aber ›physikalisch‹ erzwungen.« (Krafft S. 31/48)

Wenn – zumindest für das Copernikanische Beispiel – zweifelhaft ist, ob wissenschaftliche Revolutionen in jedem Fall durch eine Krise der normalen Wissenschaft eingeleitet werden müssen, so stellt sich die Frage, warum Kuhn in SWR dem Krisenbegriff einen so großen Stellenwert beimißt (den er in DKR durchaus noch nicht hatte). Die Antwort kann nur in der Architektonik des Kuhnschen Modells gesucht werden, und sie hängt in der Tat eng mit der normativen Dimension des Paradigmabegriffs zusammen. Jeder revolutionäre Paradigmawechsel schließt ja notwendig die Zerstörung jenes »starken Netzes von Verpflichtungen« (SWR 56) ein, dem die Wissenschaftler während der Perioden normaler Wissenschaft unterliegen. Die strenge fachliche Sozialisation, die sie während ihrer Ausbildung durchlaufen, führt zu einer Art beruflichem »Konservatismus« und zu einer Abneigung gegen neue Ideen (DEN 308ff.). Sollen wissenschaftliche Revolutionen nicht als unvermittelt auftretende, quasi mystische Ereignisse erscheinen, so muß Kuhn einen Mechanismus angeben können, durch den die enge Bindung der Forscher an das alte Paradigma gelöst und der Übergang zu einem neuen Paradigma überhaupt möglich gemacht wird; ohne einen solchen Mechanismus würde das Kuhnsche Modell wissenschaftliche Revolutionen als unmögliche Ereignisse a priori ausschließen. Es liegt auf der Hand, daß die Verbindlichkeit des alten Paradigmas letztlich nur durch den »Zusammenbruch der normalen Technik des Rätsellösens« (SWR 82) gelockert werden kann; und daß solche Krisen »eine notwendige Voraussetzung für das Auftauchen neuer Theorien« (SWR 90) sind. Obwohl davon ausgegangen werden muß, daß ein Paradigmawechsel niemals unmotiviert stattfindet und daß ein Versagen des alten Paradigmas ein zentrales Motiv für eine wissenschaftliche Revolution sein *kann*, deutet vieles darauf hin, daß der zentrale Stellenwert des Begriffs der Krise eher durch die systematischen Erfordernisse des Kuhnschen Revolutionsmodells bedingt ist, als daß er Resultat der historisch-empirischen Analyse wäre.

»Gerade weil eine neue Theorie mit der hergebrachten Tradition wissenschaftlicher Praxis bricht und eine neue begründet, die unter anderen Regeln und innerhalb einer anderen Begriffswelt steht, kann sie offenbar nur dann auftauchen, wenn man den Eindruck hat, daß die alte Tradition sehr weit in die Irre geführt hat.« (SWR 98f.)

16. Nehmen wir nun an, ein bestimmtes wissenschaftliches Fachgebiet sei in eine Krise geraten, so stellt sich die Frage, wie die Wissenschaftler in dieser Situation reagieren. In jedem Fall, so Kuhn, werden sich die Wissenschaftler in dieser Situation nicht wie kritische Rationalisten verhalten, d.h. sie werden auch angesichts noch so starker Zweifel an der Tragfähigkeit des alten Paradigmas dieses nicht einfach fallenlassen.

»Wenn eine wissenschaftliche Theorie einmal den Status eines Paradigmas erlangt hat, wird sie nur dann für ungültig erklärt, wenn ein anderer Kandidat vorhanden ist, der ihren Platz einnehmen kann. Kein bisher durch das historische Studium der wissenschaftlichen Entwicklung aufgedeckter Prozeß hat irgendeine Ähnlichkeit mit der methodologischen Schablone der Falsifikation durch unmittelbaren Vergleich mit der Natur. Diese Bemerkung bedeutet nicht, daß Wissenschaftler nicht wissenschaftliche Theorien ablehnten oder daß Erfahrung und Experiment für den Prozeß, in welchem sie es tun, nicht wesentlich seien. Sie bedeutet aber – was letztlich ein Kernpunkt sein wird –, daß der Urteilsakt, der die Wissenschaftler zur Ablehnung einer vorher anerkannten Theorie führt, niemals nur auf einem Vergleich jener Theorie mit der Natur beruht. Die Entscheidung, ein Paradigma abzulehnen, ist immer gleichzeitig auch die Entscheidung, ein anderes anzunehmen, und das Urteil, das zu dieser Entscheidung führt, beinhaltet den Vergleich beider Paradigmata mit der Natur *und* untereinander.« (SWR 90)

Für dieses Verhalten gibt es zwei Gründe. Der *erste* hängt zusammen mit Kuhns Wissenschaftsbegriff: wir haben gesehen, daß dieser Begriff für Kuhn nicht so sehr eine Gesamtheit von Theorien bezeichnet, sondern in erster Linie eine bestimmte Form intellektueller Tätigkeit. Bei der Ausübung dieser Tätigkeit bedienen sich die Wissenschaftler bestimmter Erkenntnismittel, deren jeweilige konkrete Gesamtheit Kuhn unter dem Begriff »Paradigma« (disziplinäre Matrix) zusammenfaßt. Entscheidend ist nun, daß nicht nur die jeweilige Art und Weise, in der die wissenschaftliche Tätigkeit ausgeübt wird, von dem betreffenden Paradigma bestimmt wird, sondern daß nur eine solche Tätigkeit als *wissenschaftlich* bezeichnet werden kann, die auf der Anerkennung eines Paradigmas beruht und sich der von ihm bereitgestellten Mittel bedient. Das heißt aber: eine intellektuelle Tätigkeit, die unabhängig von jedem Paradigma ausgeübt wird, ist für Kuhn keine Wissenschaft (so etwa wie das, was ein Schneider tut, dem Nadel, Faden und Stoff abhanden gekommen ist, keine Schneiderei sein kann). »Wenn einmal ein erstes Paradigma für die Betrachtung der Natur gefunden worden ist, gibt es nicht mehr so etwas wie Forschung ohne Paradigma. Ein Paradigma ablehnen, ohne gleichzeitig ein anderes an seine Stelle zu setzen, heißt die Wissenschaft selbst ablehnen.« (SWR 92) Diese Auffassung ist eine zwingende Konsequenz aus der Priorität, die Kuhn der wissenschaftlichen Praxis gegenüber ihrem Produkt (den Theorien) zumißt und aus der These, daß diese Praxis stets paradigmageleitet ist. Ein Wissenschaftler, der ein Paradigma aufgibt, ohne sich einem neuen anzuschließen, würde sich damit jedweden Werkzeuges berauben, das unabdingbare Voraussetzung seiner Forschungstätigkeit ist; was immer er ohne Paradigma tun mag, es handelt sich nicht länger um Wissenschaft (sondern vielleicht um Philosophie, Kunst oder ganz einfach »Spinnerei«). Die betreffende Person wird aus der wissenschaftlichen Gemeinschaft ausgeschlossen und die Ergebnisse seiner Arbeit werden nicht mehr zur Kenntnis genommen, denn sie sind das Produkt eines Außenseiters (hier setzt die Kritik des wissenschaftstheoretischen »Anarchisten« Feyerabend an: vgl. S. 200 und 219f.).

Der *zweite* Grund, aus dem die Wissenschaftler ein in die Krise geratenes Paradigma nicht als falsifiziert ansehen, ist auf die Natur der normalen Wissenschaft zurückzuführen. Diese unterscheidet sich vom Stadium der Krise ja nicht dadurch, daß sie keinen Gegenbeispielen ausgesetzt wäre; die zahllosen Rätsel, die den Gegenstand der normalwissenschaftlichen Tätigkeit ausmachen, können unter einem gewissen Gesichtspunkt alle als Gegenbeispiele angesehen werden (SWR 92f.). Und wenn die meisten dieser Rätsel im Rahmen einer normalwissenschaftlichen Tradition mit der Zeit auch gelöst werden können, so bleiben doch immer einige ungelöst und vielfach sind auch die bereits erzielten Lösungen unvollkommen. Es bleibt also immer ein Rest ungelöster Probleme übrig und damit ein mehr oder weniger großer Bereich an Nichtübereinstimmung zwischen Theorie und Realität. Würde man der Popperschen Methodologie folgen und eine Theorie schon bei einem Gegenbeispiel als falsifiziert ansehen, so ließe sich *keine* Theorie aufrechterhalten. »Wenn jede einzelne Nichtübereinstimmung ein Grund für die Ablehnung einer Theorie wäre, müßten alle Theorien allezeit abgelehnt werden.« (SWR 157) Das Prinzip der Falsifikation ist damit ad absurdum geführt: würde es tatsächlich angewandt, so würde zwar der Dogmatismus und die Metaphysik ausgemerzt, zugleich aber auch die Wissenschaft.

Nachdem wir nun wissen, wie die Mitglieder einer wissenschaftlichen Gemeinschaft *nicht* reagieren, wenn sie sich einer Krise bewußt werden, stellt sich die Frage nach dem, was sie positiv unternehmen. Zunächst, so antwortet Kuhn, werden sie weiter versuchen, die Anomalie im Rahmen des (noch) vorherrschenden Paradigmas zu lösen.

»Die ersten Angriffe auf das Widerstand leistende Problem werden sich eng an die Paradigmaregeln halten. Aber bei fortdauerndem Widerstand werden immer neue Angriffe mehr oder weniger entscheidende Paradigmaartikulationen erfordern, von denen kaum zwei gleich sind, jede teilweise erfolgreich ist, aber doch keine so sehr, daß sie von der Gruppe als Paradigma anerkannt würde. Durch diese Wucherung divergierender Artikulationen (man wird sie immer häufiger als *ad hoc*-Anpassungen beschreiben) werden die Regeln der normalen Wissenschaft in zunehmendem Maße aufgeweicht. Obwohl es noch immer ein Paradigma gibt, zeigen doch nur wenige Fachleute völlige Übereinstimmung darüber, worin es besteht. Sogar frühere Standardlösungen bereits geklärter Probleme werden in Frage gestellt.« (SWR 96)

Im Zuge der fortschreitenden Krise verwandelt sich die ehemals so strenge Ordnung eines wissenschaftlichen Fachgebietes in ein Chaos: an die Stelle der normalen Wissenschaft tritt die *außerordentliche Forschung*. Diese außerordentliche Wissenschaft hat die Bindungen an ein Paradigma weitgehend abgestreift und richtet sich in zunehmendem Maße kritisch gegen das bisherige Paradigma. Sie wird versuchen, seinen Zusammenbruch »zu vergrößern, ihn deutlicher und vielleicht auch aufschlußreicher zu machen, als er sich in den Experimenten darstellte, deren Ergebnis man im voraus zu kennen glaubte. Und in dem letztgenannten Bemühen wird er mehr als in jedem anderen Abschnitt der Nachparadigma-Entwicklung der Wissenschaft dem Bild entsprechen, das wir uns überwiegend von einem Wissenschaftler machen. Vor allem wird er oft wie jemand erscheinen, der auf gut Glück sucht, Experimente einfach durchführt, um zu sehen, was geschieht, und nach einem Effekt Ausschau hält, dessen Natur er nicht ganz erraten kann. Da aber kein Experiment ohne jegliche Theorie erdacht werden kann, wird der Wissenschaftler in einer Krise gleichzeitig ständig versuchen, spekulative Theorien aufzustellen, die dann, wenn sie erfolgreich sind, den Weg zu einem neuen Paradigma zeigen könnten und, falls sie keinen Erfolg bringen, relativ leicht aufgegeben werden können.« (SWR 100) Mit einem Wort: die außerordentliche Wissenschaft zeichnet sich durch genau diejenigen Charakteristika aus, die nach Popper für die Wissenschaft schlechthin wesentlich sind: die Überprüfung bzw. Falsifikation der bestehenden Auffassungen einerseits und die Suche nach Alternativen andererseits (vgl. PWA 6). Betrachten wir einige wichtige Symptome, die anzeigen, daß sich ein Fachgebiet in einer Krise befindet:

(a) In Perioden anerkannter Krisen wenden die Wissenschaftler sich häufig philosophischen Überlegungen zu (PWA 101); da das Paradigma als Grundlage der normalen Wissenschaft offenkundig versagt hat, muß eine andere Quelle für die Orientierung der weiteren wissenschaftlichen Arbeit an seine Stelle treten – die Philosophie bietet sich dafür als die noch am ehesten geeignete Instanz an.

(b) Während die wissenschaftliche Praxis in ihrer »normalen« Periode in nur geringem Maße von expliziten Regeln geleitet ist, sind die Phasen der außerordentlichen Wissenschaft durch intensive Diskussionen über gültige Methoden, Probleme und Problemlösungsgrundsätze gekennzeichnet (SWR 61f.); auch dieser Schritt liegt auf der Hand: so lange die Paradigmen (= Musterbeispiele) als handlungsleitende Vorbilder »funktionieren«, besteht keinerlei

Grund für den Versuch, abstrakte Regeln, Definitionen etc. aus ihnen abzuleiten; anders im Fall des Versagens: um Klarheit über die Gründe dieses Versagens zu gewinnen und um eine fruchtbare Auseinandersetzung über unterschiedliche Interpretationen des Paradigmas und der Ursachen seines Zusammenbruchs führen zu können, müssen eindeutige Regeln und Definitionen eingeführt werden.

(c) In den Perioden der Krise nimmt auch die Zahl und die Bedeutung der Gedankenexperimente zu; solche Gedankenexperimente sind »hervorragend geeignet, das alte Paradigma dem vorhandenen Wissen so gegenüberzustellen, daß die Wurzeln der Krise mit einer im Labor nicht zu erreichenden Deutlichkeit herausgehoben wird« (SWR 101; sowie DEN 327–356).

(d) Im Gegensatz zur normalen Wissenschaft, die auf die Präzisierung des im Prinzip bereits Bekannten ausgerichtet ist, bringt die außerordentliche Wissenschaft oft neue Entdeckungen hervor (SWR 101); da die Bindung der Wissenschaftler an das Paradigma lockerer geworden ist, haben sie plötzlich Augen für Dinge, die sie zuvor kaum zur Kenntnis genommen oder mehr oder minder gewaltsam in das begriffliche Schema der alten Theorie gepreßt hätten.

17. Nach der Betrachtung der außerordentlichen Wissenschaft sind nun alle Voraussetzungen daß Kuhn sich jenen Entwicklungsetappen der Wissenschaft zuwenden kann, die seinem Buch den Namen gegeben haben: den *wissenschaftlichen Revolutionen.* Nach allem bisherigen ist auch klar, wie eine definitorische Bestimmung des Begriffs »Revolution« auszusehen hat: Revolutionen sind demnach jene *nichtkumulativen Entwicklungsepisoden, in denen ein älteres Paradigma durch ein mit ihm nicht vereinbares ersetzt wird* (SWR 104). Auf eine Kurzformel gebracht könnte es auch heißen: Revolution = Paradigmawechsel.

Die erste Frage, die hier gestellt werden kann, ist terminologischer Natur. Warum wird der Wechsel des Paradigmas als eine *Revolution* bezeichnet? Den Grund für diese Bezeichnung sieht Kuhn in einer »Parallelität« (SWR 104) zwischen politischer und wissenschaftlicher Entwicklung, die zwei wesentliche Aspekte hat. Zum *einen* werden sowohl politische wie wissenschaftliche Revolutionen durch das Gefühl zumindest eines Teiles der jeweiligen Gemeinschaft eingeleitet, daß die herrschenden Institutionen mit den anstehenden Problemen nicht länger fertig werden. »Bei der politischen und wissenschaftlichen Entwicklung ist das Gefühl eines Nichtfunktionierens, das zu einer Krise führen kann, eine

Voraussetzung für die Revolution.« (SWR 104) Der *zweite*, tieferreichende Aspekt der Parallelität bezieht sich auf die Art und Weise des Übergangs vom alten Zustand in den neuen: ebenso wie politische Revolutionen notwendig zum Bruch mit den bestehenden Institutionen führen, schließt auch ein Paradigmawechsel die Zerstörung der bisherigen strukturellen Grundlage der Forschung (eben des Paradigmas) ein. Damit entfällt nach Kuhn aber in beiden Fällen zugleich auch die Basis für eine Verständigung zwischen den verschiedenen Fraktionen der politischen bzw. der wissenschaftlichen Gemeinschaft; in politischen Revolutionen müssen die Parteien des Konflikts daher letzten Endes zu Massenagitation und Gewalt greifen, um ihre Ziele durchzusetzen (SWR 105f.) und ähnliches geschieht auch in wissenschaftlichen Revolutionen: die Vertreter des alten und des neuen Paradigmas verfügen nicht mehr über eine gemeinsame Verständigungsbasis und deswegen treten in den Auseinandersetzungen über das »richtige« Paradigma »Methoden der überredenden Argumentation« (SWR 106) an die Stelle von logischen oder empirischen Beweisen.

Es ist offensichtlich, daß der Begriff »Revolution« hier in einem eher metaphorischen als streng terminologischen Sinne gebraucht wird: als »revolutionär« gilt jeder Wandel des theoretischen Gefüges der Wissenschaft, der als besonders einschneidend empfunden wird und in dem qualitativ neues Wissen entsteht. Dem können nun aber zwei Argumente entgegengehalten werden. *Einerseits* wird in allen Etappen der Wissenschaftsentwicklung neues Wissen erzeugt; nach L. Geymonat folgt daraus, daß man auch im Hinblick auf das Fortschreiten der normalen Wissenschaft »von Revolutionen oder ›Wendepunkten‹ sprechen muß« (Geymonat S. 164). *Andererseits* erfolgt in den offenkundig revolutionären Episoden der Wissenschaftsentwicklung durchaus kein totaler Bruch mit der Tradition: Copernikus z.B. war in seiner Begründung des Heliozentrismus sicherlich »revolutionär«, mit seinem Festhalten an kreisförmigen Umlaufbahnen der Planeten und an der Vorstellung eines Mittelpunktes der Welt (Sonne) zeigt er sich allerdings noch antiken und mittelalterlichen Traditionen stark verhaftet. Wenn aber die normalen Perioden der Wissenschaftsgeschichte »revolutionäre« und die revolutionären Perioden »normale« (d.h. konservative) Züge aufweisen, dann entfällt die von Kuhn suggerierte strenge Unterscheidung zwischen beiden Perioden. Um angesichts solcher Unschärfen am Begriff der wissenschaftlichen »Revolution« überhaupt noch festhalten zu können, müßte dieser Begriff dahingehend präzisiert werden, daß nur im Fall eines Überwiegens der diskontinuierlichen Elemente einer Entwicklung über die kontinuierlichen Aspekte von einer wissenschaftlichen Revolution gesprochen werden darf. Damit aber wäre der Unterschied zwischen evolutionären und revolutionären Entwicklungen in der Wissenschaft auf eine bloß *graduelle* Abstufung reduziert; der von Kuhn postulierte qualitative Unterschied wäre verschwunden.

Angesichts solcher Schwierigkeiten des Revolutionsbegriffs haben einige Wissenschaftstheoretiker und –historiker auf diesen Begriff völlig verzichtet. St. Toulmin z. B. hat aus seiner Auseinandersetzung mit Kuhns Revolutionskonzept (Toulmin S. 130–148) die Schlußfolgerung abgeleitet, daß die Entstehung neuen Wissens evolutionär erklärt werden kann und muß. Soweit die Wissenschaftstheorie und -geschichtsschreibung sich mit der Analyse des Wandels der Ideen und Theorien begnügt, mag der evolutionstheoretische Ansatz Toulmins durchführbar sein; sobald aber über diese Ideen und Theorien hinaus nach den institutionellen und gesellschaftlichen Bedingungen ihrer Erzeugung gefragt wird, erweist sich auch dieses Modell als unzureichend. Betrachtet man z. B. die von Copernicus eingeleitete und von Newton zu einem relativen Abschluß gebrachte Umwälzung der theoretischen und methodischen Grundlagen der Physik, so wird man hier insofern zu Recht von einer Revolution sprechen können, als diese Umwälzung Ausdruck eines sozialen Funktionswandels der Wissenschaft waren, der in engem Zusammenhang mit der Entstehung der bürgerlichen Gesellschaft steht. Wird hier von einer wissenschaftlichen »Revolution« gesprochen, so ist nicht mehr nur ein qualitativer Wandel des Wissens gemeint, sondern ein solcher Wandel des Wissens, der auf eine grundlegende Umgestaltung der sozialen Strukturen bezogen ist. Die Entstehung der neuzeitlichen Wissenschaft wäre demnach deshalb ein revolutionärer Prozeß, weil sie Moment eines epochalen Umbruchs in der gesellschaftlichen Entwicklung selbst war (Bayertz S. 12–21).

Mit einer solchen »externalistischen« Erweiterung gewinnt der Revolutionsbegriff nicht nur einen präzisen gesellschaftstheoretischen Inhalt, sondern wird auch vor jener inflationären Vermehrung bewahrt, die Kuhn mit der Relativierung des Revolutionsbegriffs auf die jeweilige wissenschaftliche Gemeinschaft (BMK 243 ff.) vorgenommen hat. Gegen Toulmin, der zu Recht gegen Kuhns »Mikrorevolutionen« polemisiert (Toulmin S. 139 f.), ist aber festzuhalten, daß nicht der Revolutionsbegriff schlechthin, sondern seine Reduktion auf Veränderungen im theoretischen Wissen zurückgewiesen werden muß.

Für die Frage nach der Fruchtbarkeit und Anwendbarkeit des in SWR entwickelten Revolutionsmodells auf die Wissenschaftsgeschichte ist die

1978 erschienene Untersuchung Kuhns über die Entstehung der Quantenphysik (BBT) von großem Interesse. Nachdem Kuhn in seiner ersten detaillierten Studie über einen revolutionären Entwicklungsprozeß in der Wissenschaft (sein 1957 erstmals erschienenes Buch DKR) sich des in SWR (erschienen 1962) entwickelten Revolutionsmodells *noch* nicht hatte bedienen können, weil es zu diesem Zeitpunkt noch nicht vorlag, hatte man nun erwartet, daß Kuhn in seiner zweiten umfangreichen und aus langjährigen Vorstudien hervorgegangenen Analyse eines revolutionären Umbruchs die Anwendbarkeit und Fruchtbarkeit des in SWR vorgestellten begrifflichen Instrumentariums en detail demonstrieren würde. Diese Erwartung wurde jedoch enttäuscht: in BBT greift Kuhn bei seiner Darstellung der Entstehung der Quantenphysik kaum auf das in SWR entwickelte begriffliche Instrumentarium zurück. In einer Rezension des Kuhnschen Buches schreibt daher M. J. Klein, daß man von ihm erhofft habe, es würde eine Art Nachfolger der Marxschen Studie »Der achtzehnte Brumaire des Louis Bonaparte« werden, d.h. eine historische Fallstudie, die in allgemeinen Kategorien eine konkrete Revolution analysiert und unser Verständnis der betreffenden Ereignisse verbessert. »Aber Kuhn hat keinen neuen *achtzehnten Brumaire* geschrieben. Der Leser, der die Entstehung der Quantenphysik interpretieren will, indem er die Sprache von normaler und außerordentlicher Wissenschaft, von Paradigmen und Krisen anwendet, muß eine eigene Übersetzung anfertigen. Diese so eng mit Kuhns Schriften über die Wissenschaftstheorie identifizierten Begriffe, glänzen in diesem Buch durch Abwesenheit.« (Klein S. 430). In der gleichen Zeitschrift findet sich eine weitere Rezension des Kuhnschen Buches (die beide gemeinsam mit einer dritten Besprechung unter der ironischen Sammelüberschrift »Das verlorene Paradigma?« stehen) aus wissenschaftssoziologischer Sicht. Auch hier wird hervorgehoben, daß Kuhns neues Buch zwar neues Licht auf die Entstehung der Quantenphysik wirft und daher einen wichtigen Beitrag zur Analyse dieses Gegenstandes darstellt, daß aber der Zusammenhang mit dem Revolutionsmodell aus SWR verloren gegangen sei. »Eine der Enttäuschungen, die die intellektuelle Entwicklung Kuhns seit der Abfassung der ›Struktur wissenschaftlicher Revolutionen‹ bereitete, ist seine Abwendung von dem wachsenden Korpus wissenschaftssoziologischer Arbeiten, der versucht, wissenschaftliche Ideen für die soziologische Analyse zugänglich zu machen. Sein früheres Buch schien diese Bewegung vorwärts zu treiben, indem es Begriffe bereitstellte, die, wie ›Paradigma‹, die intellektuelle mit der sozialen Dimension verbinden.« (Pinch S. 339). In BBT habe sich Kuhn jedoch auf die Analyse interner Faktoren der Wissenschaftsentwicklung beschränkt; und so könne dieses Buch als das Endstadium eines Rückzuges angesehen werden, den Kuhn in Reaktionen auf die kritische Resonanz von SWR angetreten habe. In BBT sei die alte Trennung zwischen Wissenschafts*theorie* und Wissenschafts*soziologie*, deren Überwindung von Kuhn doch zunächst selbst mit initiiert wurde, wieder hergestellt.

18. Für Kuhn sind Revolutionen tiefe Diskontinuitäten im Entwicklungsprozeß der Wissenschaft; sie stellen einen scharfen Einschnitt dar, durch den verschiedene, ja gegensätzliche Ausprägun-

gen des wissenschaftlichen Unternehmens voneinander geschieden werden. Kuhn geht in der Betonung der Diskontinuität so weit, daß er von der Unvergleichbarkeit verschiedener Paradigmen spricht (näheres dazu in Kapitel V.). Damit ist nun ein schwerwiegendes Problem aufgeworfen: wenn konkurrierende Paradigmen nicht unmittelbar miteinander verglichen werden können, dann sind die traditionellen – im Rahmen der analytischen Philosophie erarbeiteten – Konzepte des Theorienwandels nicht länger haltbar. Der Prozeß des Übergangs von einem Paradigma zu einem anderen kann nun nicht länger durch das Prinzip der Verifikation (wie es von den Vertretern des »Wiener Kreises« entwickelt worden war), oder durch das Prinzip des Falsifikation (das von Karl Popper und seinen Schülern vertreten wird) erklärt werden. Nach Kuhn weisen beide Konzepte, trotz ihrer scheinbaren Gegensätzlichkeit, dieselben Defizite auf:

(a) sie gehen davon aus, daß jeweils nur *eine* Theorie mit der Natur konfrontiert und auf ihre Übereinstimmung (Verifikation) bzw. Nichtübereinstimmung (Falsifikation) mit ihr überprüft wird; in Wirklichkeit aber ist der Übergang zu einer neuen Theorie immer das Ergebnis des Vergleichs zweier konkurrierender Theorien mit der Natur und untereinander (SWR 156);

(b) beiden Konzepten liegt außerdem die Vorstellung zugrunde, die Entscheidung für oder gegen ein bestimmtes Paradigma könnte ebenso zwingend begründet werden, wie ein Argument, das im Rahmen eines bereits akzeptierten Paradigmas formuliert wird. Die Wahl zwischen rivalisierenden Paradigmen kann aber niemals durch Argumente begründet werden, die ebenso zwingend sind, wie logische oder empirische Beweise. Die Frage nach dem Wesen des Prozesses, in dem die wissenschaftliche Gemeinschaft ein altes Paradigma aufgibt und ein neues akzeptiert, ist daher mit den traditionellen Methoden der Wissenschaftstheorie nicht beantwortbar und verlangt daher »eine bisher noch nie unternommene Untersuchung. Wir werden uns mit einer sehr unvollständigen und impressionistischen Überprüfung begnügen müssen«. (SWR 163)

Ausgangspunkt einer solchen Überprüfung muß eine Neuformulierung des Problems sein: bei der Analyse des Übergangs von einem Paradigma zu einem anderen dürfen wir nicht nach den Motiven fragen, durch die einzelne Wissenschaftler zu diesem Übergang bewegt werden. Diese Motive können sehr unterschiedlicher und zufälliger Art sein und liegen möglicherweise gänzlich im »externen« Bereich (SWR 163). Statt dessen müssen wir untersuchen, wodurch eine ganze wissenschaftliche Gemeinschaft zu diesem Übergang gebracht wird.

Die wahrscheinlich bei weitem häufigste Behauptung, die die Befürworter eines neuen Paradigmas zu dessen Gunsten anführen, ist die, daß auf seiner Grundlage all die Probleme gelöst werden können, an denen das alte scheiterte. Doch entspricht diese Behauptung nach Kuhn meist nicht voll der Wahrheit, da die neuen Theorien meist nicht präziser und erklärungskräftiger sind als ihre Vorgänger. Dies kann zunächst ja auch kaum anders sein: wenngleich nämlich die neue Theorie einige Probleme gelöst haben mag, an denen ihre Vorgängerin gescheitert ist, so werden dem in der Regel andere Probleme entgegenstehen, die diese Vorgängerin besser oder genauer zu erklären vermag. Die neue Theorie entspringt ja nicht mit einem Schlag voll artikuliert dem Gehirn ihres Schöpfers, sondern wird in vielen Bereichen noch skizzenhaft sein, so daß auch ein in der Krise befindliches Paradigma ihr noch in einigen Bereichen überlegen sein kann. Im Hinblick auf die Problemlösungsfähigkeit wird zwischen rivalisierenden Theorien daher oft eine Art Gleichgewicht bestehen, das natürlich zunächst das traditionelle Paradigma begünstigt. »Kurz, wenn ein neuer Paradigmakandidat von Anfang an dem Urteil praktisch-nüchterner Leute unterläge, die nur die relative Problemlösungsfähigkeit untersuchten, dann würden die Wissenschaften sehr wenige größere Revolutionen erleben« (SWR 168).

Die aktuelle Problemlösungsfähigkeit ist also keine ausreichende Basis für die Wahl zwischen konkurrierenden Paradigmen; aber sie ist nach Kuhn auch gar nicht Gegenstand einer solchen Wahl: Gegenstand einer Paradigma-Debatte ist nicht die aktuelle Problemlösungsfähigkeit, sondern die Frage, welches Paradigma *künftig* die Forschung leiten soll. Es geht daher weniger um die vergangenen oder gegenwärtigen Leistungen, als um die künftigen Aussichten.

»Derjenige, der ein neues Paradigma in einem frühen Stadium annimmt, muß das oft entgegen den durch Problemlösungen gelieferten Beweisen tun. Das heißt, er muß den Glauben haben, daß das neue Paradigma mit den vielen großen Problemen, mit denen es konfrontiert wird, fertig werden kann, wobei er nur weiß, daß das alte Paradigma bei einigen versagt hat. Eine Entscheidung dieser Art kann nur aufgrund eines Glaubens getroffen werden.« (SWR 168).

Dieser »Glauben« findet seine Nahrung in zwei Faktoren:
(a) eine wichtige Rolle spielt die Krise, in der sich die normativen Bindungen an das alte Paradigma lockern und in der das Vertrauen unterminiert wird, daß dieses Paradigma weiterhin noch als fruchtbare Grundlage einer erfolgreichen normalwissenschaftlichen Praxis zu fungieren vermag;

(b) irgendetwas muß »wenigstens einigen Wissenschaftlern das Gefühl geben, daß der neue Gedanke auf dem richtigen Weg ist« (SWR 168) und dies sind meist subjektive, unartikulierte »ästhetische« Erwägungen: es ist die Überzeugung, daß die neue Theorie »einfacher«, »sauberer«, »eleganter« etc. ist als ihre Vorgängerin (SWR 166).

Diese beiden Faktoren werden zunächst nur wenige Forscher dazu motivieren, den Übertritt zum neuen Paradigma zu vollziehen, aber diese werden es nach und nach verbessern und präzisieren, mehr und mehr »harte« Argumente zu seinen Gunsten entwickeln und im Zuge dieser Weiterentwicklung dann auch eine immer größere Zahl ihrer Fachkollegen auf ihre Seite ziehen, bis schließlich nur noch einige Starrköpfe übrig bleiben, während der gesamte Rest der wissenschaftlichen Gemeinschaft längst zu einer neuen Epoche normalwissenschaftlicher Praxis übergegangen ist (SWR 169f.).

19. Kuhns Deutung des Paradigmawechsels als eines Prozesses, dessen Ausgang nicht durch Regeln entschieden werden kann, ist auf heftige Proteste auf seiten der analytischen Wissenschaftstheorie gestoßen. Nach I. Lakatos hat Kuhn »eine höchst originelle Vision eines irrationalen Wechsels rationaler Autorität« (Geschichte S. 301) produziert; die wissenschaftliche Revolution erscheine in seiner Darstellung als eine »Art religiösen Wandels« bzw. ein »Akt mystischer Bekehrung« (Falsifikation S. 91) und nach I. Scheffler ist Kuhns Bild wissenschaftlicher Revolutionen »ungefähr das einer Epidemie« (Scheffler S. 150). Nimmt man hinzu, daß schon die normale Wissenschaft für viele Wissenschaftstheoretiker ein Greuel gewesen ist, warum Kuhns Konzeption nach einem Wort von W. Stegmüller »die größte existierende Herausforderung an die gegenwärtige Wissenschaftstheorie« darstellt:

»Kuhns Wissenschaftsauffassung hat die meisten Philosophen, die von seinen Ideen Kenntnis genommen haben, mit sprachlosem Entsetzen erfüllt. Denn diese Auffassung scheint auf eine Bestreitung der Grundvoraussetzung *aller* Wissenschaftstheorie hinauszulaufen, nämlich, daß die Naturwissenschaften ein *rationales* Unterfangen darstellen.« (Stegmüller Theoriendynamik S. 167)

Kuhn selbst hat diesem Vorwurf heftig widersprochen:

»Wie ich sowohl hier wie an anderer Stelle schon gesagt habe, glaube ich nicht für einen Augenblick, daß Wissenschaft ihrer Natur nach ein irrationales Unternehmen ist [...] Im ganzen genommen ist wissenschaftliches Verhalten das beste Beispiel von Rationalität, das wir haben. Unser Verständnis dessen, was es heißt, rational zu sein, hängt in bedeutsamer Weise, wenn auch natürlich nicht ausschließlich, davon ab, was wir als die wesentlichen Aspekte wissenschaftlichen Verhaltens betrachten.« (AZL 130)

Bei Rede und Gegenrede solcher Art stellt sich natürlich die Frage, ob dieser Streit überhaupt einen substantiellen Gegenstand hat oder vielleicht nur auf wechselseitigen Mißverständnissen beruht. Im vorliegenden Fall ist dieser Gegenstand offenbar nicht die Frage, *ob* die Wissenschaft rational ist, sondern die Frage, *was* wir unter dem Begriff »Rationalität« zu verstehen haben. Aus der Sicht der analytischen Wissenschaftstheorie ist diese Frage längst beantwortet: Grundlage aller Rationalität sind demnach die Regeln der formalen Logik. Diese bilden den harten Kern eines Systems methodologischer Regeln, die als wirksame »Logik der Forschung« den Maßstab für die Rationalität eines beliebigen Produkts intellektueller Tätigkeit darstellen. Die Existenz einer solchen allgemeingültigen, überhistorischen »Logik der Forschung« aber ist genau das, was Kuhn bestreitet. Lakatos hat diesen Punkt der Kontroverse genau getroffen:

»*Nach Kuhn kann es keine Logik, sondern nur eine Psychologie der Forschung geben.* Z.B. gibt es nach Kuhns Auffassung *immer* zahlreiche Anomalien und Widersprüche in der Wissenschaft, aber in ›normalen‹ Perioden sichert das vorherrschende Paradigma ein Muster für das Wachstum, das dann am Ende von einer ›Krise‹ überworfen wird. Es gibt keinen besonderen, rationalen Grund für das Auftreten einer Kuhnschen ›Krise‹. ›Krise‹ ist ein psychologischer Begriff; sie ist eine ansteckende Panik. Dann taucht ein neues ›Paradigma‹ auf, inkommensurabel mit seinem Vorgänger. Es gibt keine rationalen Maßstäbe für den Vergleich der beiden. Jedes Paradigma enthält seine eigenen Maßstäbe. Die Krise fegt nicht nur die alten Theorien und Regeln, sondern auch jene Maßstäbe fort, auf deren Grundlage wir sie respektieren. Das neue Paradigma bringt eine vollkommen neue Rationalität mit sich. Es gibt keine über-paradigmatischen Maßstäbe. Der Wandel ist eine Sache der Mode. So ist *nach Kuhns Ansicht die wissenschaftliche Revolution irrational, eine Angelegenheit der Massenpsychologie* (mob psychology).« (Falsifikation S. 171 f.)

Es liegt auf der Hand, daß der von Lakatos propagierte Rationalitätsbegriff normativ orientiert ist (Falsifikation S. 171) und auf einer fest umrissenen Vorstellung von dem beruht, wie die Wissenschaft vorgehen *muß*, wenn sie rational sein will; demgegenüber erscheint das tatsächliche Vorgehen der Wissenschaftler, ihr tatsächliches Verhalten als weniger relevant: entweder entspricht dieses Verhalten den normativen Rationalitätskriterien, dann ist dies ein Beweis für die Rationalität der Wissenschaft; entspricht das tatsächliche Verhalten diesen Kriterien nicht, so gilt dies als ein

Indiz dafür, daß die wirkliche Wissenschaft von den Rationalitätsidealen eben noch weit entfernt ist. »Eine Methode, die Diskrepanzen zwischen der Geschichte und ihren rationalen Rekonstruktionen aufzuzeigen, besteht darin, die interne Geschichte *im Text* zu behandeln und dann *in den Anmerkungen* anzudeuten, wie ›schlecht‹ sich die tatsächliche Geschichte im Lichte ihrer rationalen Rekonstruktion verhalten hat.« (Lakatos, Geschichte S. 289). Eine solche Betrachtungsweise läuft allerdings auf einen Zirkel hinaus: nachdem zunächst a priori festgelegt wurde, was als »rational« gelten soll, wird dann bei der historischen Darstellung des geschichtlichen Verlaufs alles, was diesem Rationalitätsverständnis zuwiderläuft »in die Anmerkungen« verbannt und der verbleibende Rest als Beweis dafür gedeutet, daß die Wissenschaft »rational« ist. Nach Kuhn ist die Folge einer solchen Verfahrensweise nicht die Darstellung, sondern die *Konstruktion* der Wissenschaftsgeschichte: »was Lakatos als Geschichte versteht, ist gar nicht Geschichte, sondern Philosophie, die sich Beispiele erfindet« (AZL 129).

Ein wesentlicher Aspekt der Debatte zwischen Kuhn und seinen analytischen Gegnern ist die Frage nach der Bedeutung der Logik in der Wissenschaft. Wenn Kuhn die Rolle der Logik in der außerordentlichen Wissenschaft sehr gering einschätzt, so steht er damit in krassem Gegensatz zu den Vertretern der analytischen Philosophie, für die das Rationalitätsproblem unmittelbar mit der Frage nach der Logik zusammenhängt: für sie ist letztlich immer nur so viel Rationalität in der Wissenschaft, wie Logik in ihr ist. Als um so erstaunlicher mußte es erscheinen, als ein prominenter Vertreter der analytischen Philosophie Kuhn vor dem Irrationalismusvorwurf seiner Kollegen in Schutz nahm und erklärte, »daß es nicht darauf ankommt, Kuhns Hauptthesen in irgendeiner Weise zu bestreiten, zu bekämpfen und zu überwinden, sondern daß der Wissenschaftsphilosoph die Feststellungen eines (nach der hier vertretenen Auffassung kompetenten) Wissenschaftshistorikers *zur Kenntnis zu nehmen und logisch zu verarbeiten* hat. Nach der hier vertretenen Auffassung ist Kuhn gegenüber seinen Kritikern in fast allen wesentlichen Punkten im Recht«. (Stegmüller, Theoriendynamik S. 171) Im Anschluß an den von J. D. Sneed entwickelten Begriff einer wissenschaftlichen Theorie und des Verfügens über eine solche Theorie versucht Stegmüller zu zeigen, »daß wir ein logisches Verständnis der von Kuhn beschriebenen Vorgänge gewinnen können, welches immerhin so weit reicht, daß die Behauptung, Kuhn unterstelle den Naturwissenschaften eine irrationale Verhaltensweise, als unrichtig erkannt wird« (ebd.). An dieser Stelle kann die von Sneed erarbeitete Konzeption der logischen Struktur wissenschaftlicher Theorien nicht referiert werden; wichtig für den hier interessierenden Zusammenhang ist jedoch, daß Stegmüllers Versuch einer logischen Rekonstruktion der Kuhnschen Wissenschaftstheorie von der Voraussetzung ausgeht, daß die Rationalität der

Wissenschaft nur durch den Nachweis ihrer Logizität gesichert werden kann; ausgehend von dieser Rationalitätskonzeption versucht Stegmüller dann zu zeigen, daß mit Hilfe des von Sneed entwickelten mengentheoretischen Instrumentariums die von Kuhn behauptete Inkommensurabilität konkurrierender Paradigmen unterlaufen und so die »Rationalitätslücke« der Kuhnschen Theorie geschlossen werden könne (vgl. *Theoriendynamik* sowie die ausführliche Darstellung in *Probleme;* eine kritische Auseinandersetzung mit dieser Konzeption liefert Schäfer). Bei diesem Typ logischer Rekonstruktion muß natürlich in Kauf genommen werden, daß sie rein »internalistischer« Natur ist: die soziale Dimension der Wissenschaftsentwicklung, auf die Kuhn in SWR so viel Wert gelegt hatte, kann durch sie nicht erfaßt werden. Dennoch hat Kuhn selbst den Sneed-Stegmüllerschen Ansatz als eine Präzisierung und Weiterentwicklung seines Standpunktes begrüßt; nur im Hinblick auf das Inkommensurabilitätsproblem ist Kuhn nach wie vor anderer Ansicht: seiner Meinung nach bietet auch der Sneedsche Formalismus keine Basis für einen systematischen Punkt-für-Punkt-Vergleich zwischen verschiedenen Theorien. Im Gegenteil ist es nach Kuhn ein Hauptverdienst dieses Formalismus, daß er eine präzise Lokalisierung des Inkommensurabilitätsproblems ermöglicht (TAS 125–132). Damit ist aber letztlich die Frage nach der Rationalität der Wissenschaft und vor allem die Frage, was als »Rationalität« angesehen werden muß, worauf sie beruht und wie sie wissenschaftstheoretisch zu erfassen ist, wiederum offen.

Für Kuhn besteht die Aufgabe der Wissenschaftstheorie zunächst in der adäquaten Beschreibung der tatsächlichen Verfahrensweisen der Wissenschaft – und erst auf der Basis einer solchen Beschreibung kann ermittelt werden, worin die spezifische Rationalität der Wissenschaft besteht.

»Wenn Geschichte oder irgendeine andere empirische Disziplin uns zu der Überzeugung führt, daß die Entwicklung der Wissenschaft wesentlich auf einem Verhalten beruht, das wir zuvor als irrational ansahen, so sollten wir daraus nicht schließen, daß Wissenschaft irrational ist, sondern daß unser Begriff von Rationalität an verschiedenen Stellen korrigiert werden muß.« (AZL 130; vgl. auch BMK 255).

Gegenüber der unhistorischen und unrealistischen Rationalitätskonzeption der analytischen Wissenschaftstheorie stellt dieser Verweis darauf, daß nicht völlig unabhängig von der wirklichen Wissenschaft festgelegt werden kann, was ein »rationales« wissenschaftliches Vorgehen ist und was nicht, mit Sicherheit einen Schritt in die richtige Richtung dar. Desgleichen ist ihm beizupflichten, wenn er darauf besteht, daß die Entscheidung zwischen alternativen wissenschaftlichen Theorien nicht aufgrund von Argumenten entschieden werden kann, die genauso zwingend sind wie logische oder empirische Beweise (SWR 106f.; BMK 252, 253f.;

PS 210). Kuhns Behauptung daß es »keinen neutralen Algorithmus für die Theoriewahl« (PS 211) geben ist, ist in jedem Fall

»überzeugender als ein hypertropher Rationalismus, welcher meint, das wissenschaftliche Vorgehen müsse, zumindest im Prinzip, jederzeit durch einen vollständigen Satz von Kriterien und Regeln eindeutig determiniert sein. Ein solcher extremer Rationalismus neigt dazu, die Determination der Wissenschaftsentwicklung auf Determinationsbeziehungen zwischen Gedanken zu beschränken, und gerät damit in die Nähe einer idealistischen Deutung, für die der Erkenntnisfortschritt essentiell Filiation von Ideen ist und mit dem materiellen Leben der Gesellschaft nichts zu tun hat.« (Laitko S. 182).

Andererseits aber ist mit der berechtigten Kritik an der positivistisch orientierten Rationalitätskonzeption noch nicht die Frage beantwortet, wie Rationalität positiv bestimmt werden muß; und im Hinblick auf diese Frage hat Kuhn keine überzeugende Lösung anzubieten. Schon in SWR hatte er hervorgehoben, daß die letztendlich entscheidende Instanz, die bei der Paradigmawahl den Ausschlag gibt, nicht in einem System methodologischer Normen, sondern in einer *sozialen Institution* zu suchen ist. »Wie die Wahl zwischen konkurrierenden politischen Institutionen erweist sich die zwischen konkurrierenden Paradigmata als eine Wahl zwischen unvereinbaren Lebensweisen der Gemeinschaft [...] Wie bei politischen Revolutionen gibt es auch bei der Wahl eines Paradigmas keine höhere Norm als die Billigung durch die jeweilige Gemeinschaft.« (SWR 106) Kuhns Standpunkt in dieser Frage ist daher, wie er selbst sagt, »seinem Wesen nach soziologisch« (BMK 230), insofern er den Paradigmawechsel völlig auf Entscheidung der jeweiligen wissenschaftlichen Gemeinschaft zurückführt.

»Man nehme eine Gruppe der erreichbar geeignetsten Leute mit der passendsten Motivierung; man trainiere sie in irgendeiner Wissenschaft und in jenen Spezialitäten, die von dem Gesichtspunkt der fraglichen Wahl aus berücksichtigt werden sollen; man pauke ihnen jenes Wertsystem und jene Ideologie ein, die in ihrer Disziplin (und weitgehend ebenso auch auf anderen wissenschaftlichen Gebieten) gültig sind; und schließlich *lasse man sie wählen.* Wenn diese Technik keine Rechenschaft über die wissenschaftliche Entwicklung, wie wir sie kennen, zu geben vermag, dann kann es überhaupt keine.« (BMK 230).

Von Bedeutung ist dabei allerdings, daß es sich bei diesen Gruppen um besondere Gemeinschaften handelt; gegen Lakatos' Vorwurf, er führe die Paradigmawahl auf Massenpsychologie (mob-psychology) zurück, wehrt Kuhn sich durch den Hinweis, daß er stets den spezifischen Charakter der wissenschaftlichen Gemeinschaft betont habe: (a) wissenschaftliche Gemeinschaften sind seiner Auffassung nach in wirksamer Weise von allen äußeren Einflüssen isoliert und diese Isolierung gewährleistet, daß ihre Entscheidungen autonom sind, d.h. ausschließlich nach fachlichen, sachgerechten Gesichtspunkten getroffen werden (vgl. SWR 175ff.). (b) Die Mitglieder solcher Gemeinschaften teilen in hohem Maße gewisse fachliche *Werte* wie Genauigkeit, Einfachheit, Reichweite, Fruchtbarkeit etc. (BMK 253). »Die Entscheidung der Gemeinschaft fiele ohne solche Werte anders aus, und etwas anderes als Wissenschaft entstünde.« (AZL 133)

Es liegt auf der Hand, daß diese soziologische Deutung des Rationalitätsproblems mehr Fragen aufwirft als sie beantworten kann. Ob die Isolierung wissenschaftlicher Gemeinschaften von gesellschaftlichen Einflüssen tatsächlich so absolut ist, wie Kuhn voraussetzt, muß wohl bezweifelt werden (vgl. oben Abschnitt 10.); und im Hinblick auf die fachlichen Werte ist es Kuhn selbst, der immer wieder betont, wie unscharf sie sind und wie wenig sie eine konkrete Entscheidung zu determinieren vermögen (BMK 253f.; PS 211; AZL 133). Letzten Endes bleibt daher »die Konversionserfahrung [...] im Zentrum des revolutionären Prozesses. Gute Gründe für die Wahl liefern Motive für die Konversion und ein Klima, in dem sie leichter vonstatten geht«. (PS 215f.). Am Ende sind es also nach einem Exkurs über die institutionellen Besonderheiten der wissenschaftlichen Gemeinschaft (Isolierung) und über ihre innere Struktur (fachliche Werte) also doch psychologische Tatsachen (Konversion, Motiv, Klima), auf die der Paradigmawechsel zurückgeführt wird.

»Auf merkwürdige Weise verfällt Kuhn tiefer, als er merkt, eben jenem Positivismus, den er bekämpft. Wenn er zu dem Schluß kommt, daß weder ›strikter Beweis‹ (logische Deduktion) noch simple Verifikation bzw. Falsifikation hinreichend sind, um die Wahl vom Theorien oder Paradigmen zu erklären, bleibt ihm anscheinend nur noch das ›Überzeugen‹ – nicht anders als dem Positivisten, wenn sie moralische Dispute zu charakterisieren suchten. Aber wenn es Kuhn auch stets darauf *abgesehen* hatte, rationales von irrationalem Überzeugen zu unterscheiden, ist es ihm doch nicht gelungen, diese entscheidende Distinktion klarzumachen.« (Bernstein S. 168).

Die Frage, ob die Überzeugungen, von denen die Wissenschaftler sich bei der Paradigmawahl leiten lassen – und damit letztlich auch diese Entscheidungen selbst – *begründet* sind, ist mit dem Verweis auf die Tatsache, *daß* die Entscheidung eben getroffen wurde (wenn auch von einer besonderen Gemeinschaft), noch nicht beantwortet. Vorausgesetzt wird von Kuhn, daß die tatsächlichen Entscheidungen, die von den Wissenschaftlern getroffen wurden und werden, als solche auch schon immer die richtigen Entscheidungen waren und sind, so daß ihre Begründung eigentlich überflüssig wird. J. Mittelstraß hat in diesem Zusammenhang von einer »Krise des Begründungsbegriffs« gesprochen und das wissenschafts*historische* Interesse der neueren Wissenschaftstheorie wie sie von Kuhn und anderen Autoren vertreten wird, auf diese Krise zurückgeführt: wenn davon ausgegangen wird, daß eine Begründung und Rechtfertigung von Theoriegenesen nicht möglich ist, lassen diese Genesen sich nur noch historisch erklären. »An die Stelle methodisch orientierter Begründungsbemühungen gegenüber den Grundlagenproblemen der Wissenschaften tritt ein Rekurs auf *faktische Entwicklungen*. Das heißt: überall dort, wo man in klassischen Erkenntnis- oder Wissenschaftstheorien, rationalistischer oder empiristischer Provenienz, auf ein Basiswissen zurückzugreifen suchte, das der Behauptung nach einen sicheren ›Anfang‹ der Wissenschaften zuließ, wird jetzt ein solcher Rückgriff als methodisch unzulässig angesehen und statt dessen auf den faktischen Gang der Theorienbildung verwiesen. Damit steht hinter der Konjunktur des wissenschaftshistorischen Interesses im Rahmen wissenschaftstheoretischer Fragestellungen eine *Krise des Begründungsbegriffs*.« (Mittelstraß S. 73)

Wenn Kuhn die bisherige, von der positivistisch orientierten Wissenschaftstheorie entwickelte Konzeption der Rationalität in Frage stellt, so erscheint es sinnvoll, sich abschließend noch einmal auf das Ziel dieser Konzeption zu besinnen. Mit dem Begriff der Rationalität sollte der spezifische Gültigkeitscharakter der Wissenschaft, der sie vor allen anderen ideellen Systemen auszeichnet, bestimmt werden: die Resultate der Wissenschaft sollten intersubjektiv verbindlich sein, eben weil sie rational waren. Das Spezifikum dieser Konzeption bestand aber von Anfang an darin, daß aus einer bestimmten philosophischen Einstellung heraus versucht wurde, diese Frage nach der intersubjektiven Gültigkeit der Wissenschaft ohne Bezugnahme auf den Gegenstandsbezug der Wissenschaft zu beantworten. Anders ausgedrückt: der Begriff der *Rationalität* trat in Konkurrenz zum *Wahrheitsbegriff*; wissenschaftliche Aussagen sollten nicht deshalb intersubjektiv gültig sein, weil sie der Wahrheit (in mehr oder weniger hohem Grade) nahegekommen waren, sondern weil sie bestimmten methodologischen Prinzipien (z.B. den Prinzipien des Logizismus und des Empirismus) entsprachen. Aus diesem Bestreben, den Realitätsbezug der Wissenschaft aus der wissenschaftstheoretischen Analyse zu eliminieren, resultiert das übergroße Gewicht, das die analytische Philosophie den Problemen der Methologie und insbesondere der Logik zumißt; und aus diesem Übergewicht von Methodologie und Logik wiederum resultiert die Provokation, die Kuhns skeptische Beurteilung der Leistungsfähigkeit logischer und methodologischer Prinzipien für den Theorienvergleich für die Vertreter der analytischen Philosophie darstellen muß.

Betrachtet man vor diesem Hintergrund noch einmal die oben skizzierte Debatte um das Rationalitätsproblem, so zeigt sich, daß Kuhn und seine analytischen Kritiker in der erkenntnistheoretischen Grundposition *vollkommen übereinstimmen* (die Übereinstimmungen zwischen Kuhn und der analytischen Philosophie betonen Mittelstraß S. 77ff. und Wittich S. 138). Wenn z.B. der logische Positivist A. J. Ayer erklärt, »daß es kein Wahrheitsproblem gibt, wie man es sich gemeinhin vorstellt« und daß »der traditionelle Begriff der Wahrheit als einer ›wirklichen Eigenschaft‹ oder einer ›wirklichen Beziehung‹ [...] einem Mangel in der korrekten Analyse von Sätzen zuzuschreiben« ist (Ayer S. 117), so heißt es bei Kuhn: »ich zögere das Etikett ›Wahrheit‹ zu gebrauchen«, denn es gebe keine Möglichkeit, »die Theorien als Darstellungen der Natur, als Feststellungen darüber, ›was es da draußen in Wirklichkeit gibt‹, mit-einander (zu) vergleichen« (BMK 256). Die Differenz zur analytischen Philosophie tritt erst da auf, wo Kuhn bestreitet, daß ein Theorienvergleich auf logischer Basis zu eindeutigen Ergebnissen führen kann. Nachdem Kuhn den positivistischen Rückzug von der Wahrheitsfrage mitgemacht hat, durchbricht er damit die letzte Verteidigungslinie der wissenschaftlichen Rationalität. Paul Feyerabends Programm einer Verwandlung der Wissenschaft »aus einer strengen und anspruchsvollen Herrin in eine attraktive und nachgiebige Kurtisane, die jeden Wunsch ihres Liebhabers zu erahnen versucht« (Feyerabend S. 221) ist danach zumindest eine *mögliche* Konsequenz, vor der sich Kuhn nur dadurch zu retten weiß, daß er die Versicherung abgibt, auch er halte die Wissenschaft für das beste Beispiel von Rationalität, das wir besitzen. Eine solche Versicherung aber, so glaubwürdig sie sein mag, vermag eine theoretische Explikation dessen, was wir unter »Rationalität« zu verstehen haben und worauf sie beruht, nicht zu ersetzen. Den Weg zu einer solchen Explikation aber ist durch die von der positivistischen Tradition übernommene idealistische Erkenntnistheorie Kuhns (näheres dazu vgl. das folgende Kapitel) blockiert: ohne Berücksichtigung des Gegenstandsbezuges der Wissenschaft ist weder das Problem der Rationalität, noch das Problem des Fortschritts der Erkenntnis lösbar.

Literatur

Ayer, Alfred Jules: Sprache, Wahrheit und Logik. Stuttgart 1970.

Bayertz, Kurt: Über Begriff und Problem der wissenschaftlichen Revolution. In: WUR, S. 11–28.

Bernstein, Richard J.: Restrukturierung der Gesellschaftstheorie. Frankfurt/M. 1979.

Bialas, Volker: Wissenschaftliche und technische Revolutionen in Vergangenheit und Gegenwart. Köln 1978.

Diemer, Alwin (Hrsg.): Die Struktur wissenschaftlicher Revolutionen und die Geschichte der Wissenschaften. Meisenheim am Glan 1977.

Feyerabend, Paul K.: Kuhns Struktur wissenschaftlicher Revolutionen – ein Trostbüchlein für Spezialisten? In: KUE, S. 191–222.

Geymonat, Ludovico: Das Problem der wissenschaftlichen Revolution in der Theorie Thomas Kuhns. In: WUR, S. 160–173.

Greene, John C.: The Kuhnian Paradigm an the Darwinian Revolution in Natural History. In: *Roller,* Duane H. D. (Hrsg.): Perspectives in the History of Science and Technology. Oklahoma 1971, S. 3–35. Vgl. auch den Kommentar von L. G. Wilson in demselben Band, S. 31–37.

Hall, Richard J.: Kuhn and the Copernican Revolution. In: British Journal for the Philosophy of Science 21 (1970), S. 196–197

Hoyer, Ulrich: Theoriewandel und Strukturerhaltung – das Beispiel der Thermodynamik. In: Philosophia Naturalis 16 (1976/77), S. 421–436.

Klein, Martin J.: Paradigm Lost? A Review Symposium. In: Isis 70 (1979), S. 430–434.

Krafft, Fritz: Progressus retrogradis. Die ›Copernicanische Wende‹ als Ergebnis absoluter Paradigmatreue. In: *Diemer,* Alwin (Hrsg.): Die Struktur wissenschaftlicher Revolutionen und die Geschichte der Wissenschaften. Meisenheim am Glan 1977, S. 20–48.

Laitko, Hubert: Thomas S. Kuhn und das Problem der Entstehung neuen Wissens. In: WUR, S. 174–191.

Lakatos, Imre: Die *Geschichte* der Wissenschaft und ihre rationalen Rekonstruktionen. In: KUE, S. 271–311 (auch in: TDW, S. 55–119).

Lakatos, Imre: *Falsifikation* und die Methologie wissenschaftlicher Forschungsprogramme. In: KUE, S. 89–189.

Meyer, Karl: Das Kuhnsche Modell wissenschaftlicher Revolutionen und die Planetentheorie des Copernicus. In: Sudhoffs Archiv 58 (1974), S. 25–45.

Mittelstraß, Jürgen: Historismus in der neueren Wissenschaftstheorie. In: WUR, S. 72–86.

Nitschke, August: Revolutionen in Naturwissenschaft und Gesellschaft. Stuttgart/Bad Cannstatt 1979.

Nobis, Heribert M.: Werk und Wirkung von Copernicus als Gegenstand der Wissenschaftsgeschichte. In: Sudhoffs Archiv 61 (1977), S. 118–143.

Oeser, Erhard: Copernicus und die ägyptische Hypothese. Ein Beitrag zur Frage nach der Struktur wissenschaftlicher Revolutionen. In: Philosophia Naturalis 14 (1973), S. 276–308.

Pinch, Trevor J.: Paradigm Lost? A Review Symposium. In: Isis 70 (1979), S. 437–440.

Ravetz, Jerome R.: Traditional and Innovatory Elements in the Cosmology of Nicolaus Copernicus. In: Organon 2 (1965), S. 49–59.

Rodnyj, N. I.: Das Problem der wissenschaftlichen Revolution in der Konzeption der Wissenschaftsentwicklung Th. S. Kuhns. In: *Domin,* Georg (Hrsg.): Wissenschaftskonzeptionen. Eine Auswahl von Beiträgen sowjetischer Wissenschaftshistoriker zur Geschichte der Ideen über die Wissenschaft. Berlin (DDR) 1978, S. 185–197.

Schäfer, Lothar: Theorien-dynamische Nachlieferungen. Anmerkungen zu Kuhn – Sneed – Stegmüller. In: Zeitschrift für Philosophische Forschung 31 (1977), S. 19–42.

Scheffler, Israel: Wissenschaft: Wandel und Objektivität. In: TDW, S. 137–166.

Stegmüller, Wolfgang: *Theoriendynamik* und logisches Verständnis. In: TDW, 167–209.

Stegmüller, Wolfgang: *Probleme* und Resultate der Wissenschaftstheorie und analytischen Philosophie. 2. Band: Theorie und Erfahrung; 2. Halbband: Theorienstrukturen und Theoriendynamik. Berlin/Heidelberg/New York 1973.

Toulmin, Stephen: Kritik der kollektiven Vernunft. Frankfurt/M. 1974.

Wittich, Dieter: Die innere Logik der Philosophie Thomas S. Kuhns. In: WUR, S. 136–159.

20. Wir haben im vorigen Kapitel erfahren, daß die Wahl zwischen konkurrierenden Paradigmen nach Kuhns Auffassung nicht durch Beweise entschieden werden kann, denn es hängt von dem jeweiligen Paradigma ab, welche Argumente als »Beweis« gelten und zwischen den Anhängern verschiedener Paradigmen muß darüber keineswegs Einmütigkeit bestehen. Wenn wir nun die Beziehungen zwischen verschiedenen Paradigmen näher betrachten, so stoßen wir auf jene Behauptung Kuhns, die unter allen seinen Thesen den wohl heftigsten Widerspruch ausgelöst hat: die These der *Inkommensurabilität.* Mit ihr ist gemeint, daß verschiedene Paradigmen *unvereinbare Systeme der Naturanschauung* darstellen und daß es keine Möglichkeit gibt, verschiedene Paradigmen direkt und exakt miteinander zu vergleichen. Nach Kuhn besteht diese Inkommensurabilität auf drei Ebenen (SWR 115–121 und 159–161).

(a) »In erster Linie werden die Befürworter konkurrierender Paradigmata oft nicht über die Liste der Probleme, welche jeder Paradigma-Anwärter lösen muß, übereinstimmen. Ihre Normen und Definitionen der Wissenschaft weichen voneinander ab.« (SWR 159) Jedes Paradigma weist der Forschung ihren Weg, indem es einerseits die zu lösenden *Probleme* angibt und andererseits bestimmt, welche Probleme keine wissenschaftliche Lösung haben und deshalb auch einen Lösungsversuch nicht lohnen. Verschiedene Paradigmen können daher auch verschiedene Probleme als lösbar bzw. unlösbar charakterisieren und damit zu unterschiedlichen Forschungsfragen führen. In der Chemie des 18. Jahrhunderts wurde z.B. ein vorwiegend qualitatives Vokabular benutzt und das zentrale Problem für die Chemiker bestand darin, die Eigenschaften der Stoffe (Biegsamkeit, Glanz, Brennbarkeit etc.) zu erklären; nach der chemischen Revolution beschäftigten die Chemiker sich vorwiegend mit quantitativen Fragen (welche Quantitäten verschiedener Stoffe verbinden sich miteinander); das neue Paradigma konnte somit einige Fragen (z.B. warum die Metalle gemeinsame Eigenschaften haben) nicht mehr beantworten: sie galten nun als nicht lösbar oder »irrelevant« (SWR 119; TAS 127f.). Im Zuge einer wissenschaftlichen Revolution verändert eine wissenschaftliche Gemeinschaft ihre Ansichten über die gültigen und lohnenden Probleme und dabei kommt es auch zu Verlusten an Erklärungsfähigkeit der Theorien (PWA 21). Ist ein direkter Vergleich zwischen konkurrierenden Paradigmen daher schon aufgrund dieser Unterschiedlichkeit der von ihnen gelösten

Probleme unmöglich, so wird ein solcher Vergleich durch die Verschiedenheit der *Lösungskriterien* für diese Probleme zusätzlich erschwert. Ein Paradigma definiert nämlich nicht nur die zu lösenden Probleme, sondern legt auch fest, wie die Lösung dieser Probleme aussehen muß, wenn sie als wissenschaftliche (nicht bloß spekulative oder pseudo-wissenschaftliche) Lösung gelten soll. Unterschiedliche Paradigmen zeichnen sich daher durch unterschiedliche Lösungsnormen für wissenschaftliche Probleme aus: ein Argument, das innerhalb eines bestimmten Paradigmas als Erklärung für ein Problem akzeptiert wird, kann aus der Sicht eines anderen Paradigmas als ein bloßes Wortspiel erscheinen. So galt es in der mittelalterlichen Physik als eine Erklärung, wenn man den Fall eines Steines darauf zurückführte, daß ihn sein »Wesen« zum Mittelpunkt des Universums (der mit dem Mittelpunkt der Erde identisch war) treibe; heute halten wir dies für eine Scheinerklärung. Auch im Hinblick auf die Problemlösungsnormen erweisen sich aufeinanderfolgende Paradigmen daher als grundsätzlich verschieden und nimmt man die oben konstatierte Bedeutungsverschiebung sowie die Veränderungen in der Problemdefinition hinzu, so zeigt sich, »daß die Annahme eines neuen Paradigmas oft eine neue Definition der entsprechenden Wissenschaft erfordert.« (SWR 116)

(b) Der zweite Typ von Differenzen zwischen verschiedenen Theorien liegt auf *begrifflichem* Gebiet. Jede Theorie beschreibt die Natur in einem ihr eigenen System von Begriffen; beim Übergang von der einen Theorie zu einer anderen bleibt dieses Begriffsgefüge keineswegs konstant: einzelne Begriffe nehmen eine andere Bedeutung an und vor allem verschieben sich die Beziehungen der Begriffe untereinander. »In meiner Sicht ist eines der Dinge (vielleicht manchmal das einzige), das sich in jeder wissenschaftlichen Revolution ändert, ein Teil des Netzes der Ähnlichkeitsbeziehungen« (TAS 131), durch die der Anwendungsbereich der Theorie bestimmt wird. Selbst in den Fällen, wo in der neuen Theorie keine neuen Begriffe vorkommen, wo die neue Theorie also das Vokabular ihres Vorgängers übernimmt, ist die Gleichheit der Begriffssysteme nur scheinbar, weil die Bedeutungen der einzelnen Begriffe einen Wandel erfahren haben. So wird z.B. der Begriff »Masse« sowohl in Newtons Dynamik, als auch in Einsteins Relativitätstheorie verwandt, doch ist die Bedeutung des Ausdrucks in beiden Theorien jeweils verschieden: bei Newton z.B. bezeichnet »Masse« eine konstante Größe, während nach Einstein die »Masse« mit der Geschwindigkeit wächst.

»Dieser Zwang, die Bedeutung von feststehenden und vertrauten Begriffen zu ändern, ist der Brennpunkt der revolutionären Wirkung der Einsteinschen Theorie [...] Gerade weil er nicht die Einführung zusätzlicher Objekte oder Begriffe mit sich bringt, zeigt der Übergang von der Newtonschen zur Einsteinschen Mechanik mit besonderer Deutlichkeit, daß die wissenschaftliche Revolution eine Verschiebung des Begriffnetzes ist, durch welches die Wissenschaftler die Welt betrachten.« (SWR 115)

Es liegt auf der Hand, daß dieser Bedeutungswandel im Gefolge wissenschaftlicher Revolutionen eine Quelle schwerwiegender Mißverständnisse zwischen den Anhängern verschiedener Paradigmen ist und in Theoriewahl-Debatten häufig dazu führt, daß die diskutierenden Parteien aneinander vorbeireden. Zwar betont Kuhn in seinen neueren Arbeiten die Möglichkeit einer »Übersetzung«, durch die der Theorievergleich erleichtert wird, doch hält er daran fest, daß eine solche Übersetzung stets Unzulänglichkeiten und Kompromisse einschließt, so daß die Inkommensurabilität niemals völlig verschwindet (TAS 126f.)

(c) Nach der Betrachtung der normativen und der begrifflichen Differenzen zwischen konkurrierenden Paradigmen kommen wir nun zum »dritten und grundlegendstens Aspekt der Inkommensurabilität« (SWR 161). Unterschiedliche Paradigmen sind in ihrem kognitiven Inhalt, in ihrer »Substanz« (SWR 116) verschieden, d.h. sie teilen ihren Anhängern »verschiedene Dinge über das, was es im Universum gibt, und sein Verhalten« (SWR 115) mit und versehen sie so mit unterschiedlichen *Weltbildern*. Dem Wissenschaftshistoriker, der die geschichtlichen Veränderungen dieser Weltbilder rekapituliert, könnte sich daher

»der Gedanke aufdrängen, daß bei einem Paradigmawechsel die Welt sich ebenfalls verändert [...] Es ist fast, als wäre die Fachgemeinschaft plötzlich auf einen anderen Planeten versetzt worden, wo vertraute Gegenstände in einem neuen Licht erscheinen und auch unbekannte sich hinzugesellen. Natürlich geschieht in Wirklichkeit nicht ganz dies: es gibt keine geographische Verpflanzung; außerhalb des Labors gehen die alltäglichen Geschehnisse wie bisher weiter. Und doch, Paradigmawechsel veranlassen die Wissenschaftler tatsächlich, die Welt ihres Forschungsbereiches anders zu sehen«. (SWR 123)

Natürlich ist die These von der Veränderung der Welt eine Metapher; doch Kuhn insistiert darauf, daß wir ihr einen Sinn abgewinnen müssen (SWR 133), wenn wir zu einem adäquaten Verständnisses wissenschaftlicher Revolutionen kommen wollen.

Diese drei Differenzen zwischen aufeinander folgenden wissenschaftlichen Theorien liefern die Erklärung für Kuhns These, daß »die Frage der Paradigmawahl niemals durch Logik und Experiment allein eindeutig entschieden werden kann« (SWR 106f.). Denn wenn in einer wissenschaftlichen Grundlagendebatte die Kontrahenten unterschiedliche Auffassungen darüber vertreten, welches die wesentlichen Probleme der Wissenschaft sind und wie ihre Lösungen auszusehen haben, wenn darüber hinaus die von ihnen verwandten Begriffe unbemerkt verschiedene Bedeutungen haben und schließlich auch ihre Weltbilder miteinander unvereinbar sind: dann »werden sie zwangsläufig aneinander vorbeireden« (SWR 122). Als Vertreter verschiedener Paradigmen werden die Kontrahenten jeweils *ihre* Problemdefinitionen und Lösungsnormen, *ihre* Begriffsinhalte und *ihr* Weltbild als Maßstab sowohl für ihr eigenes Paradigma (das diesem Maßstab natürlich hervorragend gerecht wird), als auch für das ihrer Gegner (das diesem Maßstab natürlich niemals genügen kann) voraussetzen. »Wenn Paradigmata in eine Diskussion über die Wahl von Paradigmata eingehen – und sie müssen es ja –, dann ist ihre Rolle notwendigerweise zirkulär. Jede Gruppe verwendet ihr eigenes Paradigma zur Verteidigung eben dieses Paradigmas.« (SWR 106) Da erst durch das jeweilige Paradigma festgelegt wird, was ein gültiger Beweis ist, kann keine der streitenden Parteien über Argumente verfügen, die für den Gegner zwingend wären.

Entgegen den Vorwürfen seiner Kritiker hat Kuhn allerdings nie behauptet, daß in Paradigma-Debatten Argumente und »gute Gründe« (BMK 253) überhaupt keine Rolle spielen. Doch so überzeugend diese Argumente und so gut diese Gründe auch sein mögen: Kuhn besteht darauf, daß sie »nur den Status eines Überredungsversuchs« haben können: sie können niemals »logisch oder auch nur probabilistisch zwingend gemacht werden für jene, die sich weigern in diesen Kreis einzutreten. Die den beiden Parteien in der Diskussion über ihre Paradigmata gemeinsamen Prämissen und Werte sind dafür nicht ausreichend«. (SWR 106)

21. Da es sich bei Aspekt (c) des Inkommensurabilitätsproblems um den – wie Kuhn selbst sagt – »grundlegendsten Aspekt« handelt und weil er darüber hinaus weitreichende Konsequenzen für die *Erfahrungsbasis* der Wissenschaft hat, erfordert er eine eingehendere Darstellung (SWR Kapitel X.). Alle Erkenntnis geht letzten Endes auf Erfahrung zurück und einer alten, aus der Tradition empiristischer Philosophie stammenden Maxime zufolge, ist eine Erfahrung um so objektiver, je passiver das Subjekt diese Erfahrung aufnimmt und je geringer der Grad an theoretischer Verarbeitung ist. Gegen diese Fiktion einer theoriefreien Erfahrung wendet Kuhn ein, daß wir einen Gegenstand niemals völlig unvoreingenommen betrachten: sobald er zum Gegenstand unserer Erfahrung wird, machen wir uns ein »Bild« von ihm, d.h. wir ordnen nach

gewissen vorgegebenen Gesichtspunkten die mannigfaltigen Sinneseindrücke (optischer, akustischer, taktiler etc. Art) zu einem homogenen Ganzen. Diese Organisation der Sinneseindrücke aber ist historisch veränderlich: wir können ein und dieselbe Gruppe von optischen Reizen in völlig unterschiedlicher Weise organisieren, d.h. zu einem homogenen Bild zusammenfügen. Ein illustratives Beispiel dafür geben die aus der Gestaltpsychologie bekannten Umkippbilder, die vor allem von N. R. Hanson in seinem Buch *Patterns of Discovery* systematisch benutzt wurden, um zu zeigen, daß die Wahrnehmung nicht nur passive Reizaufnahme, sondern ein aktiver Gestaltungsprozeß ist, der den Reizen einen bestimmten Sinn gibt. Hanson, auf den sich Kuhn (SWR 125) ausdrücklich bezieht, hatte solche Umkippbilder benutzt, um zu zeigen, daß ein bestimmter Wahrnehmungsgegenstand (schwarze Linien auf weißem Papier) völlig verschieden »gesehen« werden kann: einmal als Antilope (die nach rechts blickt) und das andere Mal als Vogel (der nach links blickt).

Nach Kuhn geschieht in einer wissenschaftlichen Revolution etwas Ähnliches: ein Wahrnehmungsgegenstand, der von den Forschern bisher als ein Stern (SWR 127f.) oder als entphlogistizierte Luft (SWR 130) gesehen worden war, »kippt um« und stellt sich plötzlich als ein Planet bzw. als Sauerstoff dar. Der Untertschied zwischem einem Gestaltsprung, wie er sich bei der Verwandlung der Antilope in den Vogel vollzog, und einer wissenschaftlichen Revolution besteht allerdings darin, daß der Gestaltsprung bei Umkippbildern jederzeit bewußt vollzogen werden kann: man kann beliebig von der Antilope zum Vogel und von diesem wieder zur Antilope zurückwechseln (SWR 125f.). In einer wissenschaftlichen Revolution ist dieser Wechsel nicht möglich. Da der Wissenschaftler keinen anderen Zugang zu seinen Forschungsgegenständen hat als eben seine Wahrnehmung und da er sich nicht an eine höhere Autorität wenden kann, die ihm bestätigen könnte, daß sich sein Sehbild geändert hat, nicht aber das Wahrnehmungsobjekt, kann eine wissenschaftliche Revolution als eine Veränderung der Welt erscheinen. »Soweit ihre einzige Beziehung zu dieser Welt (ihres Forschungsbereichs – K. B.) in dem besteht, was sie sehen und tun, können wir wohl sagen, daß die Wissenschaftler nach einer Revolution mit einer anderen Welt zu tun haben.« (SWR 123) Das Beispiel des gestaltpsychologischen Umkippbildes ist auch insofern instruktiv, als es zeigt, daß die Wahrnehmung nicht in zwei deutlich voneinander geschiedene Phasen aufgespalten werden kann: in die Reiz*aufnahme* und in die Reiz*interpretation*. Der Betrachter des abgebildeten Antilopenvogels nimmt nicht erst die auf dem Papier abgebildeten Linien wahr, um sie dann *als* Antilope oder *als* Vogel zu interpretieren: er nimmt vielmehr, indem er die Linien wahrnimmt, zugleich auch eine Antilope oder einen Vogel wahr (zur Kritik dieser gestalttheoretischen Analogie vgl. Groeben und Scheffler).

Damit distanziert sich Kuhn von einer erkenntnistheoretischen Konzeption, die drei Jahrhunderte lang in der europäischen Philosophie dominierend war (SWR 137). Dieser Konzeption zufolge haben die Subjekte in der Erfahrung unmittelbaren erkenntnistheoretischen Kontakt mit den Erfahrungsgegenständen, die sich dem Bewußtsein einprägen. Die auf diese Weise gewonnenen Informationen wurden als reine Sinnesdaten aufgefaßt, d.h. man nahm an, daß ihr Inhalt ausschließlich durch das Objekt determiniert sei und keinerlei Beeinflussung durch das Subjekt unterworfen sei. Diesem Vorgang einer passiven Reizaufnahme sollte dann ein Prozeß der intellektuellen Verarbeitung folgen, in dem das Subjekt die Sinnesdaten interpretiert. Gegen diese *empiristische* Wahrnehmungstheorie macht Kuhn zunächst geltend, daß die Vorstellung von einem Wissenschaftler, der völlig passiv Sinneseindrücke aufnimmt und dann verarbeitet, illusionär ist: ein Wissenschaftler verhält sich nicht wie ein Spaziergänger, der in der Natur umherwandelt, Eindrücke aufnimmt und sie dann ordnet, sondern geht mit bestimmten Vorstellungen (mit einem Paradigma) an die Natur heran und sucht sehr gezielt nach Informationen und Daten, von denen er sich Aufschluß über relevante Eigenschaften seines Forschungsgegenstandes verspricht.

»Die Arbeiten und Messungen, die ein Wissenschaftler im Labor durchführt, sind nicht ›das Gegebene‹ der Erfahrung, sondern eher ›das mit Schwierigkeiten Gesammelte‹ [...] Weit deutlicher als die unmittelbare Erfahrung, von der sie sich teilweise herleiten, sind die Operationen und Messungen paradigmabedingt. Die Wissenschaft führt nicht alle nur möglichen Labormanipulationen durch. Sie wählt vielmehr jene aus, die für das Zusammentreffen eines Paradigmas mit der von diesem Paradigma mitbestimmten unmittelbaren Erfahrung relevant sind. Deshalb verschreiben sich Wissenschaftler mit verschiedenen Paradigmata ganz verschiedenen Laboratoriumsarbeiten.« (SWR 138)

Die Erfahrungstatsachen, die in dieser Forschung gewonnen werden, sind offenbar keineswegs neutral, sondern werden von dem jeweiligen Paradigma beeinflußt. Kuhn bekräftigt hier im Hinblick auf die wissenschaftliche Empirie jene Schlußfolgerung, die er zuvor schon aus den gestaltpsychologischen Experimenten für die Wahrnehmung allgemein gezogen hatte: »daß für die Wahrnehmung selbst etwas Ähnliches wie ein Paradigma vorausgesetzt werden muß. Was ein Mensch sieht, hängt sowohl davon ab, worauf er blickt, wie davon, worauf zu sehen ihn seine visuell-begriffliche Erfahrung gelehrt hat.« (SWR 125)

In einigen seiner späteren Arbeiten hat Kuhn diese These von der paradigmageleiteten Wahrnehmung präzisiert. In PS wendet er sich noch einmal ausdrücklich gegen den Versuch, die Wahrnehmung als einen Interpretationsvorgang zu betrachten: im Nervensystem jedes Subjektes sei so viel vergangene Erfahrung gespeichert, daß die Reize der Außenwelt spontan, d.h. ohne bewußte Verarbeitung durch den Intellekt, in Wahrnehmungen umgewandelt werden; die »Sinnesdaten« werden vom Nervensystem daher gewissermaßen »automatisch« interpretiert. Entscheidend für Kuhn ist nun, daß dieser im Nervensystem enthaltene »Reizverarbeitungsautomat« im Verlauf der – sei es lebensweltlichen, sei es fachlichen – Sozialisation programmiert wird.

»Eine der grundlegenden Methoden, durch die die Gruppenmitglieder – eine ganze Kultur oder eine kleinere Gemeinschaft von Spezialisten innerhalb dieser – lernen, dieselben Dinge zu sehen, wenn sie auf dieselben Reize stoßen, ist das Zeigen von Situationsbeispielen, die die älteren Gruppenmitglieder schon als einander ähnlich und als von anderen Situationen verschieden zu sehen gelernt haben. Diese ähnlichen Situationen können aufeinander folgende sinnliche Wahrnehmungen derselben Person sein, beispielsweise der Mutter, die schließlich mit einem Blick identifiziert und als von Vater oder Schwester unterschieden gesehen wird. Es können Wahrnehmungen von Gattungsmitgliedern sein, beispielsweise einerseits Schwäne und andererseits Gänse. Oder es können für die Mitglieder stärker spezialisierter Gruppen Beispiele der Newtonschen Situation sein, Situationen also, deren Ähnlichkeit darin besteht, Gegenstand für eine Version der Formel k = mb zu sein, und die sich von den Situationen unterscheiden, für die etwa die Gesetzesskizzen der Optik zutreffen.« (PS 205)

Wenn wir zur wissenschaftlichen Revolution zurückkommen, so wird nun Kuhns Behauptung verständlich, daß das, was während einer solchen Revolution geschieht, »nicht vollständig auf eine neue Interpretation einzelner stabiler Daten zurückgeführt werden« (SWR 133) kann. Erstens nämlich sind die Daten nicht völlig stabil; noch wichtiger aber ist, daß der Prozeß, in dem ein einzelner oder eine wissenschaftliche Gemeinschaft von der einen Sehweise zu einer anderen übergeht, einem Gestaltsprung viel mehr ähnelt als einer neuen Interpretation (SWR 133f.). Eine Interpretation ist ja stets ein mit Bewußtsein vollzogener Vorgang, der deshalb auch eine gewisse Zeit in Anspruch nimmt; die Umstülpung eines Weltbildes, wie sie in einer wissenschaftlichen Revolution vor sich geht, weist diese Charakteristika nicht auf: sie ist vielmehr

»ein relativ plötzliches und ungegliedertes Ereignis [...] Die Wissenschaftler sprechen dann oft von den ›Schuppen, die ihnen von den Augen fallen‹ oder dem ›Blitzstrahl‹, der ein vorher dunkles Rätsel ›erhellt‹, wodurch seine Bestandteile in einem neuen Licht gesehen werden können, das zum ersten Mal seine Lösung gestattet. Bei anderen Gelegenheiten kommt die betreffende Erleuchtung im Schlaf. Kein üblicher Sinn des Ausdruckes ›Interpretation‹ paßt zu diesen Eingebungsblitzen, durch die ein neues Paradigma geboren wird«. (SWR 135)

Diese durch ein Paradigma konstituierte Vorteilsstruktur kommt am deutlichsten in Kuhns Behandlung der Erfahrungsbasis der Wissenschaft zum Ausdruck. In der neueren antipositivistischen Wissenschaftstheorie ist gegen den Empirismus zu Recht auf die »Theoriebeladenheit« aller Erfahrung hingewiesen worden (Bayertz S. 81–99). Doch wo der Empirismus eine »reine«, von jeglicher Theorie unberührte Erfahrung postuliert, da wird nun die *totale* Abhängigkeit der Erfahrung von der Theorie behauptet. Kuhns Darstellung der Wahrnehmung als eines paradigmagesteuerten Vorgangs macht keine Ausnahme in dieser Tendenz zur einfachen Umkehr des flachen Empirismus. Wenn Kuhns These, daß alle Erfahrung paradigmageprägt oder paradigmaabhängig sei, wirklich zuträfe, dann wären die Beobachtungsergebnisse, die zwei von unterschiedlichen Paradigmen ausgehende Forscher gewinnen, notwendig »inkommensurabel«. Diese These ist jedoch wissenschaftshistorisch unhaltbar: es gibt zahlreiche Fälle von »Kommensurabilität« der Beobachtungsergebnisse. Eines der prominentesten Beispiele dafür, daß Tatsachen, die im Rahmen eines bestimmten Paradigmas entdeckt wurden, auch von Vertretern anderer Paradigmen anerkannt und zur Grundlage ihrer Arbeit gemacht wurden, stammt aus der Astronomie. Als Johannes Kepler als Anhänger des heliozentrischen Weltbildes die elliptische Umlaufbahn der Planeten entdeckte, konnte er sich bei seinen Berechnungen auf die exakten Beobachtungen Tycho Brahes stützen, der sein Leben lang an der geozentrischen Vorstellung festgehalten hatte (Krüger, Kontinuität S. 11, 13). Es kann daher auch keine Rede davon sein, daß nach einer wissenschaftlichen Revolution die »alten« Beobachtungen und Tatsachen ihre Gültigkeit oder zumindest ihre Relevanz für das neue Paradigma verlieren. Sicherlich ist Kuhn insoweit zuzustimmen, als sich im Zuge eines Paradigmawechsels die *Gewichtung* der Tatsachen verschieben kann, daß bestimmte Beobachtungsresultate, denen zuvor keine Beachtung geschenkt wurde, plötzlich eine Schlüsselstellung in der empirischen Begründung der neuen Theorie einnehmen können (und umgekehrt); die radikale These von der völligen Paradigma-Abhängigkeit der Erfahrung aber läßt sich nicht aufrechterhalten.

22. Wenn verschiedene Paradigmen notwendig inkommensurabel sind, dann kann es zwischen aufeinanderfolgenden Theorien nur noch das Verhältnis der Diskontinuität geben: eine wissenschaftliche Revolution schließt einen totalen Bruch mit der bisherigen Tradition ein und daher erfordert »die Annahme eines neuen Paradigmas oft eine neue Definition der entsprechenden Wissenschaft« (SWR 116). Mit dieser Deutung ist nun nicht nur die bisherige Auffassung über die Rationalität der Wissenschaft in Frage gestellt, sondern auch das bislang vorherrschende *Modell der Wissenschaftsentwicklung*. Bis zum Erscheinen von Kuhns SWR galt es in verschiedenen wissenschaftstheoretischen Positionen als selbstverständlich, daß die Entwicklung der Wissenschaft *kumulativ* verläuft. Im Rahmen dieses Modells erschien die Geschichte der Wissenschaft als ein Prozeß der Anhäufung (Kumulation) wahren Wissens, der graphisch in einer kontinuierlich aufsteigenden Linie dargestellt werden konnte, die den Fortschritt der Erkenntnis versinnbildlicht (Nowotny; Lejkin).

Ausgehend von diesem Modell fortschreitenden Wachstums wurde das Verhältnis aufeinanderfolgender Theorien als das der logischen Inklusion gedeutet: wenn die Theorie A durch die Theorie B abgelöst wird, so wird A nicht vollständig verworfen, sondern als ein Spezialfall von B in B aufgenommen; nach dem Paradigmawechsel erscheint A damit als eine Teiltheorie von B und umgekehrt schließt B A ein. Das setzt natürlich voraus, daß B alle Probleme erklärt, die auch A erklären konnte, daß der Anwendungsbereich von B aber über den von A hinausgeht. In einem solchen Fall wurde von der *Reduktion* der Theorie A auf die Theorie B oder von einer *Erklärung* der Theorie A durch die Theorie B gesprochen (Nagel S. 336–397). Als Standardbeispiel einer solchen Reduktion oder Erklärung wurde von den Vertretern des kumulativen Modells immer wieder die Beziehung zwischen der Newtonschen Dynamik und der Einsteinschen Relativitätstheorie angeführt: Newtons Theorie hat demnach eine Erklärung geliefert, von der man zunächst annahm, daß sie für alle dynamischen Phänomene gültig sei; aus Einsteins Relativitätstheorie aber wissen wir heute, daß die Newtonschen Gesetze nur für Phänomene gelten, bei denen die auftretenden Geschwindigkeiten wesentlich geringer sind als die Lichtgeschwindigkeit; zugleich aber bestätigt die Relativitätstheorie, daß die Newtonsche Theorie ausgezeichnete Näherungslösungen für solche »langsamen« Phänomene liefert. Wir haben damit eine allgemeinere (Einsteins) und eine speziellere (Newtons) Theorie; und alle Aussagen der spezielleren Theorie können aus der allgemeineren abgeleitet werden. Der kumulativen Auffassung zufolge ist Newtons Theorie daher durch Einstein nicht falsifiziert, sondern in ihrem Anwendungsbereich *eingeschränkt* worden, so daß sie heute als Spezialfall der Relativitätstheorie gelten kann; der Entwicklungsprozeß der Wissenschaft erscheint somit als ein Fortschreiten zu Theorien mit immer größerem Anwendungsbereich, d.h. zu Theorien von immer größerer Allgemeinheit, die die vorangegangenen Theorien als Spezialfälle enthalten.

Es bedarf keiner weiteren Erläuterung, daß dieses Modell der Wissenschaftentwicklung als eines kontinuierlichen Wachstums nach Kuhns Überzeugung völlig irreführend ist: es übersieht den fundamentalen Umstand, daß eine beliebige Theorie A nicht auf eine andere Theorie B reduziert werden kann (TAS S. 127–132). Das kumulative Modell scheitert Kuhn zufolge am Problem der Inkommensurabilität. (SWR 107–115).

Wenn die angebliche Kumulativität der Wissenschaftsentwicklung aber tatsächlich eine Illusion ist und wenn wissenschaftliche Revolutionen tatsächlich die Bedeutung haben, die Kuhn ihnen beimißt, dann fragt sich, warum das kumulative Modell so lange von Praktikern und Theoretikern der Wissenschaft akzeptiert werden konnte. Kuhn beantwortet diese Frage mit dem Hinweis auf eine durch das Wesen der Wissenschaft bedingte »Unsichtbarkeit der Revolutionen« (SWR Kapitel XI.). Sowohl die Forscher selbst, als auch die Wissenschaftstheoretiker machen sich ihr Bild von der Wissenschaft letztlich auf der Grundlage der *Lehrbücher* des betreffenden Fachs. Diese Lehrbücher spielen in der fachlichen Sozialisation angehender Wissenschaftler eine Schlüsselrolle: aus ihnen lernen die Studenten das Paradigma kennen, das die Grundlage ihrer künftigen Arbeit sein wird. Die Ausbildung, die ein Student einer reifen Disziplin durchläuft, ist eine Ausbildung, die ihn auf die Praxis der normalen Wissenschaft vorbereiten soll und aus diesem Grunde beschränken sich die Lehrbücher auch darauf, das gültige Paradigma möglichst genau und einsichtig zu vermitteln. Historische Reminiszenzen über die Vorgeschichte und Entstehung des Paradigma müssen angesichts dessen als überflüssig, wenn nicht gar störend erscheinen. Und in der Tat enthalten solche Lehrbücher Informationen über die Wissenschaftsgeschichte nur am Rande. Die wenigen Verweise auf die Geschichte, die sie enthalten, dienen meist nur dazu, die Autorität des herrschenden Paradigmas zu erhöhen, indem auf solche wissenschaftlichen Leistungen der Vergangenheit Bezug genommen wird, die als ein Beitrag zur Aufstellung des aktuellen Paradigmas gedeutet werden können. Würden die Lehrbücher versuchen, detaillierter und wirklichkeitsnäher auf die *Entwicklung* der Wissenschaft einzugehen, so müßten sie notwendig den Umwegen der Erkenntnis, den Fehlern der Wissenschaftler und ihren Voreingenommenheiten größeres Gewicht beilegen. Aber in der normalen Wissenschaft, auf die die Ausbildung ja vorbereiten soll, kommt es gerade auf die Ausschaltung dieser »Abweichungen« an: ihre ausführliche Schilderung stünde somit konträr zu den Zielen der naturwissenschaftlichen Ausbildung. »Die Abwertung historischer Tatsachen ist tief und wahrscheinlich mit bestimmter Funktion in der Ideologie des wissenschaflichen Berufs verwurzelt, jenes Berufs also, der den sachlichen Einzelheiten bei anderen Dingen den höchsten Wert beimißt.« (SWR 150) Bedingt durch ihre Aufgabe stellen die Lehrbücher daher den Inhalt einer Wissenschaft so dar, daß *erstens* das wissenschaftshistorische Bewußtsein der Wissenschaftler abgestumpft wird (SWR 148) und *zweitens* die Entwicklung der Wissenschaft als ein linearer und kumulativer Prozeß erscheint (SWR 150).

Kuhns Kritik an der Vorstellung einer linearen Anhäufung einzelner wahrer Erkenntnisse ist insoweit berechtigt, als sie auf die wichtige Dimension der Diskontinuität in der Wissenschaftsentwicklung aufmerksam macht und die kritische Funktion wissenschaftlicher Neuerungen hervorhebt. Andererseits aber geht Kuhn in der Betonung der Diskontinuität zweifellos zu weit: die Inkommensurabilitätsthese führt ihn zu einem Modell der Aufeinanderfolge von isolierten Theorien, die durch keinerlei »roten Faden« mehr verbunden sind. Dabei wird aber der elementare Umstand unterschlagen, daß die zeitlich aufeinanderfolgenden Theorien genetisch miteinander verbunden sind: die wissenschaftliche Arbeit beginnt niemals an einem Nullpunkt oder in einem Vakuum, sondern knüpft an einen Stand der Erkenntnis an, den ihr die vorangegangene wissenschaftliche Arbeit hinterlassen hat. Auch diejenigen Forscher, die diese Hinterlassenschaft kritisch betrachten, kommen doch nicht umhin, sie zum Ausgangspunkt ihrer Forschung zu nehmen; um ein *neues* Wissen erzeugen zu können, müssen sie sich daher zunächst des *alten* Wissens bedienen. Wenn aber in die Produktion des neuen Wissens die Reproduktion des alten notwendig eingeht, so ergibt sich zwischen beiden ein enger genetischer Zusammenhang.

»Das ist zwar kein Zusammenhang der Präformation, als sei das neue Wissen im alten bereits enthalten. Wohl aber ist es ein Zusammenhang der inhaltlichen Abhängigkeit; das neue Wissen steht zum alten nicht im Verhältnis der Beliebigkeit, sondern tritt als dessen Weiterentwicklung auf. Wissenschaftliche Revolutionen fallen nicht aus diesem Rahmen heraus – im Gegenteil, auch in der Wissenschaft sind Revolutionen ›Lokomotiven der Geschichte‹, Prozesse höchster Entwicklungsintensität. Das Auftreten neuen Wissens ist ein gerichtetes Ereignis, ein Vektor, der vom alten ausgeht.« (Laitko, S. 179)

Damit gewinnt die Wissenschaftsentwicklung eine wesentliche kumulative Dimension: wissenschaftliche Neuerungen haben neben ihrer negativen (kritischen) auch eine positive (bestätigende) Seite, indem sie Teile des alten Wissens in »aufgehobener« Form in sich aufnehmen. Entgegen den Annahmen Kuhns erweisen sich nämlich die empirischen Daten auch in wissenschaftlichen Revolutionen als durchaus stabil und werden daher von der nachfolgenden Theorie übernommen (Krüger, Kontinuität sowie Bedeutung S. 221–226); darüber hinaus zeigt sich aber auch, daß ein Paradigmawechsel in der Wissenschaft durchaus nicht notwendig zur Verwerfung der alten Theorie führen muß. Die vollständige Verdrängung der alten Theorie durch die neue kommt in der Wissenschaftsgeschichte zwar vor, ist aber durchaus nicht die Regel; zumindest in den reifen Wissenschaften existiert die alte Theorie auch nach einer Revolution weiter.

»Es gibt nach wie vor Wissenschaftlergemeinschaften, die sich dieser Theorien als Paradigma bedienen. Allerdings mögen sie außerhalb der spektakulären theoretischen Fronten der Wissenschaftsentwicklung angesiedelt sein. Auf die Entwicklung dieser Fronten hat Kuhn offenbar, unter dem Eindruck der Umbrüche der Physik dieses Jahrhunderts, allein sein Augenmerk gerichtet. So stellt er fest, daß die Relativitätstheorie die Newtonsche Theorie verdrängt hat. Er übergeht aber, daß die klassische Mechanik ihre paradigmatische Bedeutung sehr wohl behalten hat, wenn auch … für eine sehr viel mehr technikorientierte Forschungsrichtung.« (Böhme u. a. S. 206)

In solchen Fällen besteht zwischen den historisch aufeinander folgenden Theorien eine Beziehung der *Korrespondenz*: die fortgeschrittenere Theorie schließt ihren Vorgänger als Grenz- oder Spezialfall ein (vgl. die ausführliche Darstellung Krajewskis). Auf diese Weise ergibt sich eine Konzeption der Wissenschaftsentwicklung, die zwar Diskontinuitäten nicht ausschließt, andererseits aber auch das kumulative Moment berücksichtigt, insofern sie den wichtigen Tatbestand zum Ausdruck bringt,

»daß eine stufenweise Erkundung der Welt unter jeweiliger Theoretisierung und empirischer Beglaubigung eines Teiles oder Teilaspektes der einzig gangbare Weg der Forschung ist. Auf diesem aber ergibt sich ein Theoriengefüge, dessen höherstufige Teile ihren empirischen Bezug durch den Anschluß an niederstufigere und einfachere erhalten, unbeschadet der Möglichkeit, daß sie diese ›im Prinzip‹ korrigieren. Sie können dies nach der hier vorgeschlagenen Auffassung doch nur deshalb, weil sie die Vorgänger außerdem auch bewahren und die Aufgaben der Welterklärung gerade *mittels* dieser erledigen.« (Krüger, Kontinuität S. 17).

Erst wenn die von Kuhn vorgenommene Verabsolutierung der Diskontinuität aufgegeben und die kumulative Dimension wissenschaftlicher Revolutionen erkannt wird, bekommen die Begriffe der *Entwicklung* und des *Fortschritts* der Wissenschaft einen inhaltlich bestimmten Sinn.

23. Die These von der Inkommensurabilität stellt gewissermaßen den philosophischen Knoten dar, in dem die verschiedenen Fäden der Argumentation Kuhns zusammenlaufen. Und sie gehört zu jenen Behauptungen Kuhns, die auf den schärfsten Widerspruch fast aller seiner Kritiker gestoßen ist. Wir müssen der Auseinandersetzung mit dieser These daher besondere Aufmerksamkeit widmen.

Beginnen wir zunächst mit einer kurzen Rekapitulation des erkenntnistheoretischen Ausgangspunktes der Kuhnschen Wissenschaftstheorie. Zu Recht wendet sich Kuhn gegen die in der neuzeitlichen Erkenntnistheorie vorherrschende und besonders auch für die analytische Philosophie prägende Auffassung, daß das Erkennen ein voraussetzungsloser, unvermittelter Prozeß zwischen Subjekt und Objekt sei; jedes Erkennen geht in Wirklichkeit von bestimmten Voraussetzungen aus: das Subjekt ist keine »tabula rasa«, sondern verfügt über eine Sprache, in der es denkt, es fühlt sich einem Weltbild verpflichtet und verfolgt bestimmte Ziele. Alle diese Voraussetzungen beeinflussen die Art und Weise, in der das jeweilige Subjekt die Gegenstände erkennt. Was für das gewöhnliche Erkennen gilt, trifft auf die wissenschaftliche Erkenntnis nicht minder zu: jeder Forscher findet, wenn er mit seiner wissenschaftlichen Arbeit beginnt, ein von seinen Kollegen erarbeitetes Gedankenmaterial und ein von ihnen abgestecktes Problemfeld vor; er beginnt also niemals am Nullpunkt, sondern kann und muß sich auf bestimmte Voraussetzungen stützen. Die jeweilige Gesamtheit dieser Voraussetzungen ist nichts anderes als das, was Kuhn mit dem Begriff Paradigma (= disziplinäre Matrix) bezeichnet.

Ohne sich dessen bewußt zu sein (in DEN 36 hebt er ausdrücklich hervor, daß er sich der »englischsprachigen Philosophie« zugehörig fühlt, d.h. der im Wesentlichen empiristischen Traditionslinie, und die übrigen Strömungen der europäischen Philosophie kaum kennt) greift Kuhn auf den Kernpunkt der Transzendentalphilosophie zurück, wie er insbesondere im philosophischen Systems I. Kants und seiner Nachfolger formuliert und entwickelt worden ist. Auch hier wird gegen den Empirismus geltend gemacht, daß alle Erkenntnis von bestimmten (»transzendentalen«) Voraussetzungen ausgeht, die den Inhalt und die Struktur unserer Erkenntnisse präformieren. So wie Kuhn von einer »disziplinären Matrix« spricht, die in einer jeweiligen historischen Situation die Erkenntnistätigkeit der Forscher determiniert, so spricht z.B. der Neukantianer E. Cassirer von einem »Grundsystem letzter allgemeiner Begriffe und Voraussetzungen« der Erkenntnis: »Jede Epoche besitzt ein Grundsystem letzter allgemeiner Begriffe und Voraussetzungen, kraft deren sie die Mannigfaltigkeit des Stoffes, den ihr Erfahrung und Beobachtung bieten, meistert und zur Einheit zusammenfügt«. (Cassirer S. V) Sicherlich kann die Kuhnsche

Wissenschaftstheorie nicht auf eine Reprise der Transzendentalphilosophie reduziert werden; z. B. hat der für Kuhn so entscheidende Soziologismus (vgl. unten Abschnitt 24) in der Kantianischen Tradition kein Gegenstück. Aber als revolutionäre Neuheit konnte diese Wissenschaftstheorie nur im Rahmen einer philosophischen Tradition erscheinen, die keine der übrigen erkenntnistheoretischen Konzeptionen, insbesondere insoweit sie historisch und nicht-empiristisch orientiert waren, zur Kenntnis genommen hat.

Kuhn gibt dem Umstand, daß die wissenschaftliche Erkenntnis von jeweils historisch gegebenen Voraussetzungen ausgehen muß, allerdings eine spezifische Interpretation. Durch die sehr weit gefaßte Definition des Paradigmabegriffs (vgl. Abschnitt 5), erscheinen diese Voraussetzungen als ein *System von »Vorurteilen«*, die das Erkennen auf allen Ebenen präformieren. D. Shapere hat drei Ebenen solcher Vorurteile unterschieden (Shapere S. 50): (a) auf der sprachlichen Ebene prägt das Paradigma die Bedeutung aller *Begriffe*, die in dem jeweilen Forschungsprozeß eine Rolle spielen; (b) auf der forschungsstrategischen Ebene legt das Paradigma den *Gegenstandsbereich* der Erkenntnis fest und bestimmt, wie eine Problemlösung und eine Erklärung beschaffen sein muß; (c) auf der empirischen Ebene hängt die Relevanz der *Tatsachen* für eine Theorie und damit auch die Akzeptierbarkeit einer Theorie oder einzelner theoretischer Argumente von dem jeweiligen Paradigma ab.

Das Paradigma wird bei Kuhn damit nicht mehr nur als die Gesamtheit der Erkenntnis-Voraussetzungen gefaßt, sondern als ein kohärentes System undurchdringlicher Vorurteile; es erscheint nicht mehr bloß als ein Fundus von Werkzeugen, deren das Subjekt sich bedient, um die Gegenstände zu erkennen, sondern als ein hermetisch abgeschlossener *Käfig*, der die Subjekte gefangen hält. K. Popper hat in diesem Zusammenhang nicht unzutreffend vom »Mythos des Rahmens« gesprochen und Kuhn vorgeworfen, die Schwierigkeiten, die zugegebenermaßen beim Vergleich zwischen und bei der Auseinandersetzung über unterschiedliche »Rahmen« entstehen, zu übertreiben: ähnlich wie sich unterschiedliche Sprachen ineinander übersetzen lassen, seien auch verschiedene wissenschaftliche »Rahmen« miteinander vergleichbar (Popper S. 55f.). In die gleiche Richtung zielt auch die Kritik von St. Toulmin: Kuhn übersehe, daß eine wissenschaftliche Disziplin im Normalfall nicht ein völlig einheitliches *System*, sondern eine lockere »Population« verschiedener Elemente darstelle, deren Elemente (Begriffe, Theoreme etc.) logisch voneinander unabhängig seien und einzeln verändert und neuen Problemsituationen angepaßt werden können. Toulmin akzeptiert zwar die Fruchtbarkeit des Paradigmabegriffs, insoweit dieser die Gesamtheit der intellektuellen Voraussetzungen wissenschaftlicher Erkenntnis zum Ausdruck bringt (in seinem Buch »Voraussicht und Verstehen«, das ein Jahr vor Kuhns SWR erschien, hatte Toulmin den Paradigmabegriff selbst angewandt), kritisiert aber Kuhns Überbetonung des systematischen Zusammenhangs solcher Paradigmen. Wird diese Überbetonung der Systematik von Paradigmen aufgegeben, so müssen diese nicht mehr als abgeschlossene theoretische Käfige erscheinen, die ihre Insassen vor jeglicher Kommunikation mit den Bewohnern anderer Käfige abschirmen. Als je lockerer der Zusammenhang zwischen den verschiedenen Elementen eines Paradigmas dargestellt wird, also um so unproblematischer erscheint die Kommunikation zwischen den Vertretern konkurrierender Paradigmen.

Nach Toulmin muß innerhalb der Elemente eines Paradigmas zwischen zwei unterschiedlichen Typen von Begriffen und Grundsätzen unterschieden werden: jede wissenschaftliche Disziplin enthält eine Reihe von *theoretischen* Prinzipien, d.h. Aussagen über die fundamentalen Eigenschaften ihres Gegenstandes; sie enthält darüber hinaus aber auch *disziplinäre* Prinzipien, d.h. Grundsätze, die die theoretischen Ziele und methodischen Verfahrensweisen festlegen, mit denen die Disziplin ihren Gegenstand erforscht. Der Fehler Kuhns besteht darin, den Unterschied zwischen diesen beiden Arten von Prinzipien zu verwischen, mit der Folge, daß jeder Paradigmawechsel zu einem völligen Zusammenbruch der Kommunikation führen muß. Diese »Hauptparadoxie der klassischen Theorie wissenschaftlicher Revolutionen [...], daß es zwischen den Anhängern verschiedener Paradigmen keine Verständigung geben könne« (Toulmin S. 150) entfällt nach Toulmin allerdings in dem Moment, wo die Differenz zwischen theoretischen und disziplinären Prinzipien ernst genommen wird. Man kann nun den Paradigmabegriff enger definieren und auf die Gesamtheit der *theoretischen* Prinzipien beschränken, so daß es bei einem Paradigmawechsel zwar zu tiefen Meinungsverschiedenheiten über die fundamentalen Eigenschaften des Erkenntnisgegenstandes kommen kann, ohne daß deshalb zugleich auch auf der Ebene der disziplinären Prinzipien die gemeinsame Basis zerstört wird. »Geht es nur um die theoretischen Prinzipien, so brauchen Paradigmawechsel gewiß nicht die Verständigung unmöglich zu machen, und neue Vorstellungen können mit Leichtigkeit ohne irgendeine radikale Diskontinuität in eine Wissenschaft eingeführt werden. So sind vielleicht die theoretischen Ideen etwa der Einsteinschen relativistischen Physik mit denen der klassischen Newtonschen Theorien im ersten Sinne unvereinbar; doch die Vertreter der beiden Positionen hatten genug disziplinäre Ziele gemeinsam, daß sie in einer beiden Seiten verständlichen Sprache diskutieren konnten, welche der beiden Theorien ›die bessere Erklärungsleistung‹ für die theoretische Physik erbrachte.« (S. 151)

Auch von anderen Theoretikern ist deutlich gemacht worden, daß die Inkommensurabilitätsthese eng mit der Kuhnschen Definition des Paradigmabegriffs zusammenhängt: geht man von der realistischeren Annahme aus, daß die Wissenschaftler sich bei ihrer Tätigkeit nicht von einem einzigen homogenen und geschlossenen Paradigma leiten lassen, sondern in verschiedenen Paradigmen von unterschiedlichem Allgemeinheitsgrad bewegen, so wird die Inkommensurabilität erheblich relativiert. Denn eine theoretische Neuerung, die in ihrem Spezialbereich einen Bruch mit dem bisherigen Paradigma darstellt, kann muß der Perspektive eines übergeordneten Paradigmas durchaus nicht als revolutionär erscheinen (Austin S. 211; Amsterdamski S. 123). Ein hierarchisches Modell »kognitiver Orientierungselemente« (= Paradigmen) hat P. Weingart entwickelt. Hier wird von einer allgemeinsten Ebene von Werten und Überzeugungen ausgegangen, deren Geltungsbereich mehrere Disziplinen, wenn nicht die gesamte Wissenschaft umfaßt und die nur in sehr großen Intervallen dem historischen Wandel unterworfen sind; zu denken ist dabei z.B. an die Überzeugung einer grundsätzlichen Ordnung der Natur, die in Theorien dargestellt werden kann. Weingart unterscheidet unterhalb dieser allgemeinsten Ebene vier weitere Typen kognitiver Orientierungselemente, die auf der untersten Ebene als bestimmte begriffliche Schemata bestimmt werden, die in ihrem Geltungsbereich auf einzelne Problemlösungen beschränkt sind und deren Wandel in relativ kurzen Abständen erfolgt (Weingart S. 47–50). Die theoretischen Voraussetzungen, von denen jeder Wissenschaftler bei seiner Tätigkeit ausgehen muß, erscheinen so als eine Hierarchie von Elementen, deren Wandel auf *einer* Ebene durchaus mit Kontinuität auf den *übrigen* Ebenen einhergehen kann; ein absoluter Zusammenbruch der Kommunikation tritt dann auch im Falle einschneidender theoretischer Neuerungen nicht ein.

Unter dem Eindruck solcher Gegenargumente hat Kuhn in seinen späteren Arbeiten hervorgehoben, daß Inkommensurabilität für ihn durchaus nicht das Versagen jeglicher Verständigung zwischen den Vertretern unterschiedlicher Paradigmen einschließt (BMK 224); auch die von Popper betonte »Übersetzbarkeit« der verschiedenen Theorien ineinander wird jetzt konzediert (PS 213–216; TAS 125–127). Dabei ist die Frage für ihn nicht *ob* solche Übersetzungen möglich sind, sondern *was* sie zu leisten vermögen; und hier kommt Kuhn nach wie vor zu anderen Ergebnissen als viele seiner Kritiker.

»Die meisten Leser meines Buches (SWR – K. B.) haben vermutet, ich meinte, daß Theorien nicht miteinander verglichen werden können, als ich die Theorien als inkommensurabel bezeichnete. ›Inkommensurabilität‹ aber ist ein der Mathematik entlehnter Begriff, und er hat dort keine solche

Implikation. Die Hypothenuse eines gleichschenklig rechtwinkligen Dreiecks ist inkommensurabel mit seiner Seite, aber die beiden können mit jedem gewünschten Präzisionsgrad miteinander verglichen werden. Was fehlt, ist nicht die Vergleichbarkeit, sondern eine Längeneinheit, mit deren Hilfe beide direkt und exakt gemessen werden können. Als ich den Begriff der ›Inkommensurabilität‹ auf Theorien anwandte, hatte ich nur darauf insistieren wollen, daß es keine gemeinsame Sprache gibt, in der beide voll ausgedrückt werden können und die daher für einen Punkt-für-Punkt Vergleich zwischen ihnen benutzt werden kann.« (TAS S. 126)

In dieser, wie Kuhn sagt, »gegenüber dem Original etwas verfeinerten Form« (TAS S. 126) bringt die Inkommensurabilitätsthese eine reale Eigenschaft der Wissenschaftsentwicklung zum Ausdruck: in einer akuten Debatte über rivalisierende Paradigmen hat keine der streitenden Parteien Zugang zu Argumenten, die für die Gegenpartei zwingend sind. In Ermangelung eines neutralen Algorithmus der Theoriewahl erfolgen alle Entscheidungen in solchen Debatten unter dem Risiko des Irrtums. Entgegen der Fiktion einer totalen Rationalität ist eine zwingende Begründung für eine neue Theorie oftmals erst im Nachhinein möglich, so daß jede Entscheidung für oder gegen einen Kandidaten zunächst notwendig problematisch ist. Trotz seiner heftigen Polemik gegen Kuhns angeblichen Irrationalismus hat auch I. Lakatos darauf hingewiesen, »daß die Rationalität viel langsamer arbeitet, als die meisten Leute glauben wollen« (Lakatos S. 168) und dementsprechend gegen »die utopische Idee einer sofort wirkenden Rationalität« (ebd.) polemisiert.

24. Insoweit sie die *faktische* Situation beschreibt, in der die Wissenschaftler zu einer Entscheidung zwischen rivalisierenden Paradigmen kommen müssen, kann der Inkommensurabilitätsthese daher nicht widersprochen werden. Die Problematik dieser These beginnt auf einer anderen Ebene: Kuhn hat sich nicht damit begnügt, die faktischen Entscheidungssituationen in Theoriewahl-Debatten mit diesem Begriff zu bezeichnen, sondern eine prinzipielle Unvergleichbarkeit verschiedener Paradigmen *im Hinblick auf ihren Realitätsgehalt* behauptet. In mehreren seiner Arbeiten hat Kuhn hervorgehoben, daß es seiner Auffassung nach keine Möglichkeit gibt, von einer bestimmten Theorie zu sagen, sie spiegele ihren Gegenstand besser oder richtiger wider als ihr Rivale: »Meines Erachtens gibt es keine von Theorien unabhängige Möglichkeit, Ausdrücke wie ›wirklich vorhanden‹ zu rekonstruieren; die Vorstellung von einer Übereinstimmung zwischen der Ontologie einer Theorie und ihrem ›realen‹ Gegenstück in der

Natur scheint mir jetzt prinzipiell trügerisch zu sein.« (PS 218); er kritisiert deshalb jene Wissenschaftstheoretiker, die »die Theorien als Darstellungen der Natur, als Feststellungen darüber, ›was es da draußen in Wirklichkeit gibt‹ miteinander vergleichen« (BMK 256) wollen. Es liegt auf der Hand, daß die Inkommensurabilitätsthese an dieser Stelle nicht mehr nur faktische Kommunikationsprobleme beschreibt, sondern eine *erkenntnistheoretische Interpretation* der Wissenschaftsentwicklung gibt. Und genau diese Interpretation macht die These fragwürdig.

Der Hintergrund dieser Interpretation ist nicht so sehr die einseitig systematische Bestimmung des Paradigmabegriffs, die Kuhn nach Toulmins Auffassung vornimmt. Sicherlich hängt die Inkommensurabilitätsthese mit Kuhns Deutung der Paradigmen als Strukturen kohärenter Vorurteile eng zusammen, denn mit dieser Deutung scheint der Inhalt der Erkenntnis weniger durch ihren Gegenstand als durch das Paradigma bestimmt zu sein: je dichter das paradigmatische Geflecht von Vorurteilen ist, desto undeutlicher schimmert der Gegenstand durch dieses Geflecht hindurch. Bei genauerer Analyse zeigt sich aber, daß die von Toulmin kritisierte übertrieben systematische Bestimmung des Paradigmabegriffs nicht die Voraussetzung, sondern die Folge seiner erkenntnistheoretischen Position ist. Obwohl er sie nirgends ausdrücklich und zusammenhängend darstellt, vertritt Kuhn eine bestimmte Philosophie, durch die seine Wissenschaftstheorie in hohem Maße geprägt ist (Wittich S. 138ff.). Ohne diese Philosophie im einzelnen darstellen zu können, ist für unseren Zusammenhang zunächst ihre Ontologie (Bayertz S. 138) von Bedeutung. Diese Ontologie beruht auf der Vorstellung, daß die Realität keine gesetzmäßige Struktur besitzt, sondern ein ungegliedertes Material der Erkenntnis darstellt, das den Subjekten ausschließlich in Form von amorphen Reizen zugänglich ist (PS 204–209). Ordnung und Struktur erhalten diese Reize erst, wenn sie von einem Subjekt aufgenommen werden, wobei die Empfindung eines Reizes durch das Subjekt gleichbedeutend mit der Formung des amorphen Sinnesmaterials ist. Die Formung der Reize durch das Subjekt hängt von dem Paradigma ab, über das das jeweilige Subjekt verfügt: Individuen, die verschiedenen Paradigmen anhängen, »sehen« daher verschiedenes, wenn sie dieselben Objekte betrachten (SWR 130, 132, 144; PS 204, 205, 208; DEN 403f.). Insofern Kuhn davon ausgeht, daß der Inhalt einer Wahrnehmung zumindest vorwiegend (wenn nicht ausschließlich) durch das jeweilige Paradigma bestimmt wird, dem das wahrnehmende Subjekt anhängt, nicht aber durch den wahrgenommenen Gegenstand selbst, muß von einer »idealistischen

Erkenntnistheorie« und einer »idealistischen Theorie der Wahrnehmung« bei Kuhn gesprochen werden (Toulmin S. 125f.).

Geht man von dieser idealistischen Wahrnehmungs- und Erkenntnistheorie aus, so leuchtet die Inkommensurabilitätsthese natürlich unmittelbar ein: wenn der Inhalt der Erfahrung und der Erkenntnis überhaupt ausschließlich oder vorwiegend durch das jeweilige Paradigma determiniert wird, dann gibt es keinerlei tertium comparationis mehr, das die Grundlage für den Vergleich zwischen konkurrierenden Auffassungen abgibt; und dann kann natürlich auch nicht mehr entschieden werden, ob eine der Theorien die Realität adäquater wiedergibt ihr Rivale. Wenn oben gesagt wurde, daß die Paradigmen in Kuhns Deutung als *Käfige* erscheinen, die die Kommunikation ihrer Insassen mit den Bewohnern anderer Käfige erschweren, so kann dieser Vergleich jetzt um eine weitere Dimension erweitert werden: die Paradigmen sind »Käfige« vor allem deshalb, weil sie ihre Insassen von jedem Zugang zur Realität absperren.

St. Amsterdamski hat auf eine Analogie verwiesen, die zwischen Kuhns Wissenschaftstheorie und Platons Höhlengleichnis besteht. Im 7. Buch seines Hauptwerkes »Der Staat« hatte Platon die Beziehung der Menschen zur sichtbaren Welt mit der Situation von Sklaven verglichen, die gefesselt im Inneren einer Höhle sitzen und mit dem Rücken zum Eingang auf die Rückwand der Höhle blicken. Vor dem Eingang werden nun Gegenstände vorbeigetragen, die ihre Schattenbilder auf die Rückwand werfen; die Sklaven halten diese Schattenbilder für die wirklichen Dinge – bis einer seine Fesseln lösen, die Höhle verlassen und den anderen mitteilen kann, daß sie in Wahrheit nicht die wirklichen Dinge, sondern deren Schattenbilder gesehen haben.

In derselben Situation befinden sich die Anhänger eines bestimmten Paradigmas: auch sie sehen nicht die wirkliche Welt, sondern ein Erscheinungsbild der Wirklichkeit, das sich ergibt, wenn man die wirklichen Dinge durch die Brille des Paradigmas anschaut. Es muß erst ein junger und noch nicht vollständig im Banne des Paradigmas stehender Forscher kommen, die Welt unter einem neuen Blickwinkel betrachten und seinen Kollegen mitteilen, daß dieser neue Blickwinkel möglicherweise eine bessere kognitive Perspektive bietet. Der Unterschied besteht darin, daß in Platons Höhlengleichnis derjenige, der die Höhle verlassen hat, mit den wirklichen Dingen, mit der Realität an sich in Kontakt gekommen ist und so eine absolute Wahrheit aufgedeckt hat; in Kuhns Theorie aber gibt die wissenschaftliche Revolution niemals den Blick auf die Realität an sich frei, sondern etabliert ein neues Paradigma und mit ihm einen neuen Blickwinkel auf die wirklichen Dinge, der ebenso »gefärbt« ist wie der zuvor. Um in Platons Gleichnis zu bleiben: nach Kuhn können die Wissenschaftler die Höhle nicht verlassen, sondern lediglich in eine andere Höhle überwechseln. Mögen die Schattenbilder jetzt vielleicht auch schärfer sein als in der

Höhle zuvor: einen Zugang zu den Dingen selbst haben die Wissenschaftler auch in der neuen Höhle nicht gewinnen können (Amsterdamski S. 118). Kuhn bestätigt diese Diagnose, wenn er zwar die Möglichkeit eines Ausbruchs aus dem vorhandenen Rahmen konzediert, andererseits aber darauf besteht, daß das Herausbrechen aus dem einen Rahmen zugleich das Hineinbrechen in einen anderen ist (BMK 234).

25. Bevor auf die Konsequenzen dieser Eliminierung des Realitätsbezuges auf das Problem des Fortschritts und der Wahrheit der wissenschaftlichen Erkenntnis eingegangen wird, muß noch ein Blick auf die *soziologische Dimension* der Kuhnschen Wissenschaftstheorie geworfen werden. Es hatte sich an mehreren Stellen der vorliegenden Darstellung gezeigt, daß alle grundlegenden Begriffe dieser Wissenschaftstheorie eine konstitutive soziologische Bedeutung haben: am offenkundigsten ist dies bei den Begriffen »Paradigma« (vgl. Abschnitt 4) und »normale Wissenschaft« (vgl. Abschnitt 10), gilt aber für die Begriffe »Krise« oder »Revolution« nicht minder. Verschiedene Kuhn-Interpreten haben sie als Ausdruck für die Berücksichtigung *empirisch*-soziologischer Charakteristika gewertet und soweit damit die Wirkung angesprochen ist, die Kuhns Arbeiten erzeugt haben, ist dies auch zutreffend; bei genauerer Analyse aber erweist sich diese Wirkung als ein produktives Mißverständnis. Die »soziologische« Dimension der Wissenschaftstheorie Kuhns ist in Wahrheit nicht das Resultat empirischer Analyse der realen Wissenschaftsentwicklung, sondern eine Konsequenz seiner philosophischen Position. In dem Maße wie Kuhn den Gegenstandsbezug als determinierende Instanz der wissenschaftlichen Erkenntnis eliminiert, wird die Formung und Strukturierung des amorphen Reizmaterials, das die Subjekte in der Erfahrung aufnehmen, mehr und mehr zu einer Leistung des Subjekts. Da Kuhn als Wissenschaftstheoretiker aber nicht an individuellen Erkenntnissen, sondern an *Intersubjektivität* interessiert ist, muß er einen Mechanismus angeben, durch den aus subjektiven Erkenntnissen intersubjektives Wissen wird: dieser Mechanismus ist die *fachliche Sozialisation*. Sie nimmt in der Wissenschaftstheorie Kuhns eine ähnlich strategische Bedeutung an, wie die Methodologie in der analytischen Wissenschaftstheorie. Da die von den Subjekten aufgenommenen Reize strukturlos sind, können verschiedene Personen beim Empfang derselben Reize unterschiedliche Wahrnehmungen haben und sie sehen dasselbe nur dann, wenn sie gelernt haben, diese Reize auf identische Art und Weise zu verarbeiten (PS 204f.). Die Bedeutung der fachlichen Ausbildung besteht daher darin, alle Mitglieder der betreffenden

Gemeinschaft so abzurichten, daß sie »lernen dieselben Dinge zu sehen, wenn sie auf dieselben Reize stoßen« (PS 205). Es liegt auf der Hand, daß eine normale Wissenschaft erst möglich wird, wenn diese Voraussetzung erfüllt ist, d.h. wenn die Mitglieder einer wissenschaftlichen Gemeinschaft über ein identisches Weltbild verfügen, das die einzig gültige Sichtweise auf die Natur festlegt. Normale Wissenschaft wird daher erst möglich, wenn alle Elemente eines gültigen Paradigmas eine starke *normative* Bedeutung bekommen; und diese normative Bedeutung bekommen sie, indem sie im Rahmen der fachlichen Sozialisation »durch Zucht und Dressur in die psychologische Ausrüstung der zugelassenen Mitglieder einer wissenschaftlichen Gruppe eingeimpft werden« (PWA 23). Die bei Kuhn vorherrschende Tendenz zur Eliminierung der gegenständlichen Bestimmtheit der Erkenntnis und ihre Ersetzung durch eine normativ-soziale Bestimmtheit, kann als *wissenschaftstheoretischer Soziologismus* charakterisiert werden. Er beruht darauf, daß die Intersubjektivität der naturwissenschaftlichen Erkenntnisse nicht auf ihren Gegenstandsbezug, sondern auf den Mechanismus einer fachlichen »Zucht und Dressur« zurückgeführt wird.

Dieser wissenschaftstheoretische Soziologismus hat seine philosophischen Wurzeln in der bereits skizzierten Ontologie (die Realität als amorphes Material) und einer ihr entsprechenden Erkenntnistheorie (Erkenntnis als die subjektive Prägung dieses Materials). Geistesgeschichtlich knüpft Kuhn mit ihm an die Wissenschaftskonzeption des polnischen Arztes L. Fleck und an die Spätphilosophie L. Wittgensteins an. In der Einleitung seines Buches weist Kuhn darauf hin, daß er schon früh auf die 1935 erschienene und erst kürzlich neu verlegte Monographie »Entstehung und Entwicklung einer wissenschaftlichen Tatsache« von Ludwik Fleck stieß, eine Arbeit, von der Kuhn selbst sagt, daß sie viele seiner Gedanken, vor allem hinsichtlich der Soziologie der wissenschaftlichen Gemeinschaft vorwegnahm (SWR 8). Erst in neueren Arbeiten über Kuhn ist der Umfang dessen sichtbar geworden, was Kuhn dieser über Jahrzehnte völlig unbeachtet gebliebenen Arbeit Flecks verdankt (Schäfer/Schnelle; Wittich; Baldamus). Nicht minder bedeutsam war der Einfluß der Spätphilosophie Ludwig Wittgensteins; dabei ist nicht allein an die Verwendung des Begriffs »Paradigma« bei Wittgenstein zu denken, sondern an eine Reihe grundsätzlicher Gemeinsamkeiten erkenntnistheoretischer, sprachphilosophischer Natur, die bis hin zu einem weitgehend deckungsgleichen Soziologismus reichen. Obwohl Kuhn sich ausdrücklich auf Wittgenstein berufen hat (SWR 58), ist der weitreichende Einfluß seiner Spätphilosophie auf Kuhns Wissenschaftsmodell bislang erst ansatzweise untersucht worden (Bayertz S. 129–138). Kuhns Kritik am positivistischen Ideal der *einen* Rationalität entspricht die Abkehr des späten Wittgenstein vom Konzept der *einen* Idealsprache; und dessen Modell der vielen autonomen »Sprachspiele« kann als sprachphilosophisches Vorbild der Kuhnschen Wissenschaftstheorie gedeutet werden, nach der jedes Paradigma eine in sich begründete Erkenntnisart ermöglicht, die in den Perioden normaler Wissenschaft durchexerziert wird.

26. Kuhn hat nie Zweifel daran gelassen, daß für ihn Wissenschaften im strengen Sinne des Wortes nur diejenigen intellektuellen Disziplinen sind, deren Entwicklungsmuster mit dem Namen »Fortschritt« charakterisiert werden kann (SWR 171; BMK 235). Wenn er daher das abschließende Kapitel seines Buches dem Fortschrittsproblem in den Naturwissenschaften widmet, so zieht er damit eine Art wissenschaftstheoretisches Fazit aus seinen vorangegangenen Überlegungen: er gibt eine Bestimmung des Wesens der Wissenschaft.

Fortschritt, wenn wir zunächst eine allgemeine Definition dieses Begriff suchen, ist nach Kuhn nichts weiter als »das Ergebnis erfolgreicher schöpferischer Arbeit« (SWR 173) und insoweit unterscheidet sich wissenschaftlicher Fortschritt »im Wesen nicht von Fortschritt auf anderen Gebieten« (SWR 175). Wenn wir daher die Entwicklung der Wissenschaft mit der Entwicklung anderer intellektueller Tätigkeiten vergleichen, so unterscheiden diese sich von der Wissenschaft nicht dadurch, daß sie keinerlei »erfolgreiche schöpferische Arbeit« kennen. Auch in der Philosophie gibt es nach Kuhn in gewissem Sinne einen Fortschritt: sofern wir eine einzelne philosophische Schule (sei es der Aristotelismus, der Kantianismus oder der Marxismus) betrachten, können wir durchaus davon sprechen, daß diese im definierten Sinne fortschreiten. Doch die Spezifik dieser Art von Fortschritt besteht offenkundig darin, daß er auf einzelne Schulen beschränkt bleibt; betrachtet man hingegen die Philosophie als ein Gesamtunternehmen, so können wir nicht mehr ohne weiteres von dessen Fortschritt sprechen, weil »es immer konkurrierende Schulen gibt, von denen jede konstant die Grundlagen der anderen in Frage stellt« (SWR 174). Wenn Kuhn daher zu Beginn des Kapitels XIII. die Frage stellt »Warum ist der Fortschritt ein fast ausschließliches Vorrecht jener Tätigkeiten, die wir Wissenschaft nennen?« (SWR 171), so liegt hier bereits eine spezifizierte Bestimmung des Fortschrittsbegriffs vor: von »Fortschritt« soll nur dort gesprochen werden dürfen, wo nicht nur »Ergebnisse erfolgreicher schöpferischer Arbeit« vorliegen, sondern wo diese darüber hinaus auch unumstritten sind, d.h. wo *intersubjektiv gültige* »Ergebnisse erfolgreicher schöpferischer Arbeit« produziert werden. In der Philosophie, die solche intersubjektiv gültigen Ergebnisse nicht kennt, kann daher in dem spezifizierten Sinne nicht von Fortschritt gesprochen werden.

Anders liegen die Dinge im Hinblick auf die Wissenschaft. Betrachten wir zunächst die Phase der *normalen Wissenschaft*, so liegt es auf der Hand, daß hier in hohem Maße intersubjektiv gültige Fortschritte erzielt werden. Indem die normale Wissenschaft ein für alle beteiligten Forscher verbindliches Paradigma voraussetzt, programmiert sie geradezu den Fortschritt, denn alle Resultate, die auf der Grundlage des Paradigmas gewonnen werden, sind für die betreffende wissenschaftliche Gemeinschaft selbstredend gültig und verbindlich; sie ist aus diesem Grunde »ein höchst kumulatives Unternehmen, höchst erfolgreich bezüglich ihres Zieles, der stetigen Ausweitung des Umfangs und der Exaktheit wissenschaftlicher Kenntnisse« (SWR 65). Der Fortschritt ist somit in Zeiten normaler Wissenschaft »offenkundig und gesichert« (SWR 174).

Schwierig wird das Fortschrittsproblem für Kuhn erst in den Phasen *außerordentlicher Wissenschaft*, denn hier ist per definitionem die Gemeinsamkeit der beteiligten Forscher erschüttert. Die Phase der außerordentlichen Wissenschaft endet in der Überwindung des alten und der Etablierung des neuen Paradigmas, d.h. zweier inkommensurabler Betrachtungsweisen der Welt. Da es zwischen den Vertretern solcher inkommensurabler Betrachtungsweisen naturgemäß keine Intersubjektivität geben kann, stellt sich die Frage, wie der Übergang von der einen zur anderen Betrachtungsweise dennoch als intersubjektiv gültiger Fortschritt interpretiert werden kann. Wenn die Wissenschaft als Gesamtunternehmen zu Recht mit dem Begriff »Fortschritt« charakterisiert werden soll (und das ist Kuhns Ziel), dann muß Kuhn eine plausible Antwort darauf geben können, wie zwischen Vertretern rivalisierender Paradigmen Intersubjektivität erzielt werden kann. Man sollte denken, daß dies ein a priori unmögliches Unterfangen sei; doch Kuhn macht's dennoch möglich. Die Frage, inwieweit eine wissenschaftliche Revolution als Fortschritt zu betrachten sei, wird seiner Meinung nach nämlich dann beantwortbar, »wenn man fragt, was das Ergebnis einer Revolution sonst sein könnte. Revolutionen enden mit einem vollkommenen Sieg eines der beiden gegnerischen Lager. Würde diese Gruppe jemals sagen, das Ergebnis ihres Sieges sei etwas geringeres als Fortschritt? Das käme dem Zugeständnis gleich, daß sie unrecht und ihr Gegner recht hätte«. (SWR 178)

Wir wollen auf die Ausrufe des Entsetzens nicht näher eingehen, die die wissenschaftstheoretischen Kollegen Kuhns angesichts dieser Formulierung ausgestoßen haben, sondern uns sofort ihrem konzeptionellen Hintergrund zuwenden. Kuhn hat an anderer Stelle deutlich gemacht, daß die von ihm gesuchte Lösung des Fortschrittsproblems (wie sie in der oben zitierten Passage skizziert wird),

»letzten Endes psychologisch oder soziologisch sein muß. Das heißt, sie muß die Beschreibung eines Wertsystems, einer Ideologie sein, zusammen mit einer Analyse jener Institutionen, durch welche dieses System weitergegeben und erhärtet wird. Wenn wir wissen, was die Wissenschaftler schätzen, dürfen wir auch hoffen, daß wir verstehen können, welche Probleme sie behandeln und wie sie unter den besonderen Umständen eines Konfliktes wählen würden. Ich glaube nicht, daß man eine andere Art von Antworten auf unsere Fragen finden könnte«. (PWA 21f.).

Diese soziologistische Deutung des Fortschrittproblems beruht, wie Kuhn in SWR ausdrücklich betont, auf einer »Umkehrung unserer normalen Vorstellung von der Beziehung zwischen wissenschaftlicher Tätigkeit und der sie ausübenden Gemeinschaft [...] Wir müssen als Ursache erkennen lernen, was gewöhnlich als Wirkung angesehen wurde«. (SWR 173) Damit ist gemeint: in der bisherigen Wissenschaftstheorie wurde die Intersubjektivität der wissenschaftlichen Gemeinschaft zurückgeführt auf den spezifischen Charakter der naturwissenschaftlichen Erkenntnisweise und ihren Erfolg. Kuhn plädiert nun für eine Umkehrung dieser Beziehung: seiner Auffassung nach ist der Erfolg und der Fortschritt der naturwissenschaftlichen Tätigkeit der Ausdruck für den spezifischen Charakter der wissenschaftlichen Gemeinschaft. In diesem Sinne ist Kuhns Deutung des Fortschrittsproblems von Grund auf soziologistisch: »Woraus auch der wissenschaftliche Fortschritt bestehen mag, wir können über ihn nur dann berichten, wenn wir die Natur der wissenschaftlichen Gruppe prüfen; wir müssen entdecken, was diese Gruppe schätzt, was sie duldet und was sie verachtet.« (BMK 230) Dieser Standpunkt (von dem Kuhn selbst sagt, er sei »seinem Wesen nach soziologisch« [BMK 230]) impliziert seinem Selbstverständnis nach allerdings keineswegs, was seine Gegner ihm vorgeworfen haben: daß jede beliebige Theorie akzeptiert werden kann, wenn sie nur eine Mehrheit in der wissenschaftlichen Gemeinschaft findet, oder wenn sie gar durch Druck durchgesetzt wird. Eine solche Interpretation, nach der in den Naturwissenschaften Macht Recht schafft, würde nach Kuhns Auffassung das Wesen der *fachlichen Autorität* verkennen, die der oberste Richter bei der Wahl zwischen verschiedenen Paradigmen ist. Eine Revolution, die allein auf Autorität und Macht, insbesondere auf nichtfachliche Autorität und Macht zurückgeht, ist zwar immer noch eine Revolution, aber keine *wissenschaftliche* Revolution mehr. »Die bloße Existenz der Wissenschaft hängt davon ab, daß die Vollmacht, zwischen Paradigmata zu wählen, den Mitgliedern einer besonderen Gemeinschaft übertragen ist.« (SWR 179). Ohne eine genauere Analyse der Struktur dieser Gemeinschaft geben zu können, hält Kuhn folgende Eigenschaften für charakteristisch (SWR 179f.):

(a) Die Wissenschaftler müssen sich um die Lösung von Problemen bemühen, die das Verhalten der Natur betreffen.

(b) Es muß sich dabei um Detailprobleme handeln, d.h. nicht um globale Entwürfe (sie bleiben der Philosophie überlassen).

(c) Die Lösungskriterien dieser Detailprobleme dürfen nicht individueller Art sein, sondern müssen kollektiv sein.

(d) Die Gemeinschaften, die solche Lösungskriterien teilen, müssen »wohldefinierte Gemeinschaften der Fachgenossen« sein.

(e) Diese fachlichen Gemeinschaften dürfen als einzige Instanz für alle fachlichen Entscheidungen kompetent sein.

Bevor abschließend auf Kuhns Stellungnahme zum Wahrheitsproblem eingegangen wird, muß auf zwei Konsequenzen aufmerksam gemacht werden, die sich aus seiner soziologistischen Deutung des Fortschrittsproblems ergeben. Die *erste* Konsequenz ist die Reduktion der außerordentlichen Wissenschaft. Betrachtet man Kuhns Beschreibung der Spezifik der wissenschaftlichen Gemeinschaft (durch die die Fortschrittlichkeit der außerordentlichen Wissenschaft ja garantiert werden soll), so fällt auf, daß die beschriebenen Eigenschaften sich ausschließlich aus der Praxis der normalen Wissenschaft herleiten (SWR 180). Auch die »Werte«, die nach Kuhn bei der Paradigma-Wahl maßgebend sind, entspringen der Spezifik normaler Wissenschaft. Das heißt aber: auch die außerordentliche Wissenschaft ist letztlich durch die Charakteristika normaler Wissenschaft bestimmt. Dies ist auch im Rahmen der Kuhnschen Voraussetzungen gar nicht anders möglich. Denn um als Fortschritt gelten zu können, muß der Paradigmawechsel zu intersubjektiv anerkannten und verbindlichen Ergebnissen führen; Intersubjektivität aber ist nur im Rahmen der normalen Wissenschaft (oder zumindest im Hinblick auf die normale Wissenschaft) herstellbar. Weil die Wissenschaftler für normalwissenschaftliche Tätigkeiten ausgebildet sind, werden sie auch Paradigma-Debatten nach Kriterien der normalen Wissenschaft entscheiden; orientiert auf das Lösen von Rätseln werden sie ein neues Paradigma dann anerkennen, wenn es einen Zuwachs an Genauigkeit der Prognosen, eine Vergrößerung der theoretischen Reichweite, einen Gewinn an Einfachheit etc. mit sich bringt; mit einem Wort, wenn es der rätsellösenden Tätigkeit ermöglicht, *mehr* Probleme zugleich *exakter* und *einfacher* zu lösen. In diesem Sinne »bietet das Wesen solcher Gemeinschaften fast eine Garantie dafür, daß sowohl die Anzahl der von der Wissenschaft gelösten Probleme wie auch die Exaktheit der einzelnen Problemlösungen immer weiter wachsen werden. Jedenfalls ist es das Wesen der Gemeinschaft, das, wenn überhaupt irgend etwas, eine solche Garantie bietet.« (SWR 181) Es zeigt sich hier nicht nur »wie sehr ich (Kuhn – K. B.) die wissenschaftliche Erkenntnis als das innere Produkt verschiedener Spezialisten-Gemeinschaften ansehe« (BMK 245), sondern vor allem, daß Kuhn letztlich immer nur eine Theorie der normalen Wissenschaft zu entwickeln vermag, aber keine Theorie wissenschaftlicher Revolutionen.

Die *zweite* Konsequenz ist ein eigentümlicher Selbstwiderspruch in Kuhns Argumentation. Dort, wo er seine Inkommensurabilitätsthese verteidigt, hebt Kuhn immer wieder hervor, daß die Vertreter unterschiedlicher Paradigmen keine Einigung über die von der Wissenschaft zu lösenden Probleme und über die Kriterien erfolgreicher Problemlösung herzustellen vermögen (SWR 159); er hebt hervor, daß die relative Problemlösungsfähigkeit kein Kriterium für die Paradigma-Wahl sein kann (SWR 168); auch in seinen neueren Schriften wird die Inkommensurabilität auf der Ebene der Probleme bestätigt (TAS 127f.). Wenn dies aber der Fall ist, dann kann auch von einem Fortschritt an Problemlösungsfähigkeit und -exaktheit nicht gesprochen werden: es bleibt nur ein Wechsel des Paradigmas, ohne daß eine Kumulation der Problemlösungskapazität behauptet werden kann. Kuhn selbst hebt ausdrücklich hervor, daß die Entwicklung der Wissenschaft sich nicht »von einem methodologisch niedrigen zu einem höheren Typ« (SWR 120) vollzieht, daß »weder ein Absinken noch eine Hebung der Normen, sondern einfach ein Wechsel« (SWR 121) eintritt. Würde Kuhn diese Auffassung konsequent durchhalten, so wäre der Fortschritt der Wissenschaft und damit die nach Kuhn entscheidende Wesensart, die sie von Philosophie, Kunst etc. unterscheidet, unwiederbringlich verloren. Während Kuhn zunächst noch davon ausgegangen war, daß sich *alle* Kriterien, die die Wissenschaftler ihren Entscheidungen zugrunde legen, von einem bestimmten Paradigma herleiten, sieht er sich nun gezwungen *überparadigmatische Werte* einzuführen, durch die gewährleistet wird, daß sich Fortschritt nicht auf die Entwicklung innerhalb eines Paradigmas beschränkt, sondern auch den Paradigmawechsel bestimmt (SWR 179f.; AZL 133; PWA 21f.; BMK 235). Mit diesen Werten aber verläßt Kuhn offenbar gerade jenen seiner Meinung nach einzig möglichen Standpunkt in der Frage des Fortschrittproblems: den Standpunkt der Soziologie. Mit der Einführung überparadigmatischer Werte (vgl. auch die Kritik von King S. 65ff.) konzediert Kuhn unfreiwillig, daß es keine rein soziologische Begründung des wissenschaftlichen Fortschritts geben kann.

Der entscheidende Grund für das Scheitern dieser soziologischen Deutung des wissenschaftlichen Fortschritts ist darin zu sehen, daß Kuhn versucht, den Fortschritt des Wissens ohne jede Bezugnahme auf den Inhalt des Wissens zu erklären. Die Eliminierung des Realitätsbezuges wissenschaftlicher Theorien, die schon mehrfach festgestellt wurde, zwingt Kuhn dazu, Paradigmen als bloße *Instrumente des Rätsellösens* zu betrachten: als Apparate, die Prognosen und Erklärungen hervorbringen und damit die Lösung normalwissenschaftlicher Probleme ermöglichen, aber keinesfalls als Darstellungen der Natur (PS 217; BMK 256f.). Die Idee eines wachsenden *Wahrheits*gehaltes der wissenschaftlichen Theorien lehnt Kuhn ausdrücklich ab; der einzige Sinn, den er dem Begriff »Fortschritt« zu geben vermag, bezieht sich auf die Verbesserung der Theorien als Werkzeuge der normalwissenschaftlichen Problemlösung. Als Konsequenz ergibt sich die Auffassung,

»daß eine gewisse Art Fortschritt (instrumentelle Verbesserung – K. B.) zwangsläufig das wissenschaftliche Unternehmen charakterisieren wird, solange ein solches Unternehmen existiert. In den Wissenschaften braucht es keine andere Art des Fortschritts zu geben. Um es genauer zu sagen: wir müssen vielleicht die – ausdrückliche oder unausdrückliche – Vorstellung aufgeben, daß der Wechsel der Paradigmata die Wissenschaftler und die von ihnen Lernenden näher und näher an die Wahrheit heranführt«. (SWR 182)

Kuhn übersieht dabei allerdings, daß diese von ihm kritisierte Vorstellung grundlegende Bedeutung für die Wissenschaft besitzt: der erkenntnistheoretische Status wissenschaftlicher Theorien erschöpft sich nicht darin, daß sie den Rätsellösern mehr oder weniger gute Instrumente an die Hand geben, mit denen diese die Natur überlisten und ihre Rätsel lösen können; jede wissenschaftliche Theorie tritt vielmehr mit dem Anspruch auf, die Realität adäquat abzubilden und der *Wahrheit* zumindest näher gekommen zu sein, als die verfügbaren anderen Theorien. Dieser Wahrheitsanspruch ist keineswegs eine erkenntnistheoretisch naive Illusion, sondern läßt sich durch eine philosophisch unvoreingenommene Betrachtung der Wissenschaftsgeschichte ohne weiteres plausibel machen.

»Vor langer Zeit verglich Leibnitz den Versuch, die Gesetze der Natur durch Reflektion auf die Phänomene zu entdecken, mit dem Versuch, die Regeln zu entdecken, nach denen eine Botschaft in einem Text verschlüsselt wurde. Angenommen, wir haben einen solchen Text und nach zahllosen Versuchen ist die probeweise Entzifferung immer klarer geworden. Dieser Erfolg könnte lediglich eine Serie von Zufällen sein, so daß die probeweise Entzifferung völlig auf der falschen Fährte ist. Aber es ist irgendwie plausibler, daß eine gute Annäherung an die richtigen Regeln der Verschlüsselung gefunden wurde, als daß die lange Reihe von Erfolgen zufällig ist. Kuhns These, daß die Wahrheit für den Fortschritt der Wissenschaft keine Rolle spielt, ist mit der Ansicht vergleichbar, daß eine fortschreitende klarere Entzifferung möglich ist, auch wenn weder eine ursprüngliche Botschaft, noch Regeln der Verschlüsselung existieren.« (Shimony S. 578).

Mit anderen Worten: wenn im Verlauf der Wissenschaftsgeschichte die prognostische Exaktheit, die heuristische Fruchtbarkeit und die Erklärungskraft der verfügbaren Theorien zunimmt, so läßt dies den Rückschluß zu, daß der Realitätsgehalt dieser

Theorien gewachsen ist. (Bayertz, S. 203–210) Indem Kuhn diesen Zusammenhang zwischen dem *instrumentellen* Fortschritt der Wissenschaft (d.h. der wachsenden Problemlösungsfähigkeit der Theorien) und ihrem *substantiellen* Fortschritt (d.h. ihrer Verbesserung als Darstellung der Natur) zerstört, legt er keineswegs den Grundstein für »eine verfeinerte Lösung des Fortschrittproblems in den Wissenschaften« (SWR 182), sondern amputiert die Wissenschaftsentwicklung um ihre erkenntnistheoretisch entscheidende Dimension. Entgegen der Versicherung, mit der Eliminierung des Realitätsbezuges gehe nichts verloren, »das zur Erklärung der Eigenart und der Entwicklung der Wissenschaft erforderlich ist« (PS 218), zeigt sich bei näherer Betrachtung nämlich, daß Kuhns Wissenschaftsmodell vor der selbstgesetzten Aufgabe gescheitert ist. Hatte er den Fortschritt zunächst als definitorisches Merkmal der Wissenschaft bezeichnet und die Frage gestellt »Warum ist der Fortschritt ein fast ausschließliches Vorrecht jener Tätigkeiten, die wir Wissenschaft nennen?« (SWR 171), so stellt er später die Frage: »Ist es nun nicht möglich oder vielleicht sogar wahrscheinlich, daß die zeitgenössischen Wissenschaftler weniger Kenntnisse über ihre gegenwärtige Welt besitzen als die Wissenschaftler des 18. Jahrhunderts über die damalige Welt? Man darf nicht vergessen, daß die wissenschaftlichen Theorien nur hier und da sich mit der Natur berühren. Sind nun die Lücken zwischen diesen Berührungspunkten nicht größer und zahlreicher jetzt, als sie jemals in der Vergangenheit waren?« (PWA 21)

Literatur

Amsterdamski, Stefan: Between Experience and Metaphysics. Philosophical Problems of the Evolution of Science. Dordrecht/Boston 1975.

Austin, William H.: Paradigms, Rationality and Partial Communication. In: Zs. für allgemeine Wissenschaftstheorie III/2 (1972), S. 203–218.

Baldamus, W.: Das exoterische Paradox der Wissenschaftsforschung. Ein Beitrag zur Wissenschaftstheorie Ludwik Flecks. In: Zeitschrift für allgemeine Wissenschaftstheorie X/2 (1979), S. 213–233.

Bayertz, Kurt: Wissenschaft als historischer Prozeß. Die antipositivistische Wende in der Wissenschaftstheorie. München 1980.

Böhme, Gernot u.a.: Starnberger Studien 1: Die gesellschaftliche Orientierung des wissenschaftlichen Fortschritts. Frankfurt/M. 1978.

Cassirer, Ernst: Das Erkenntnisproblem in der Philosophie und Wissenschaft der neueren Zeit. Bd. 1. Darmstadt 1974.

Fleck, Ludwik: Entstehung und Entwicklung einer wissenschaftlichen Tatsache. Frankfurt/M. 1980.

Groeben, Norbert: Gestalttheorie als Irrationalismusbasis? Das Bild des ›gestalt switch‹ und irrationalistische Tendenzen in der neueren Wissen-

schaftstheorie. In: *Ertel*, S./*Kemmler*, L./*Stadler*, M.: Gestalttheorie in der modernen Psychologie. Darmstadt 1975, S. 134–145.
Hanson, Norwood Russell: Patterns of Discovery. An Inquiry into the Conceptual Foundations of Science. Cambridge 1972.
Hempel, Carl G.: Grundzüge der Begriffsbildung in der empirischen Wissenschaft. Düsseldorf 1974. (Darin das Nachwort von 1974).
King, M. D.: Vernunft, Tradition und die Fortschrittlichkeit der Wissenschaft. In: *Weingart*, Peter (Hrsg.): Wissenschaftssoziologie Bd. 2, Determinanten wissenschaftlicher Entwicklung. Frankfurt/M. 1974, S. 39–75.
Kordig, Carl R.: The Justification of Scientific Change. Dordrecht/Boston 1971.
Krajewski, Wladyslaw: Correspondence Principle and Growth of Knowledge. Dordrecht/Boston 1977.
Krüger, Lorenz: Die systematische *Bedeutung* wissenschaftlicher Revolutionen. Pro und contra Thomas Kuhn. In: TDW, S. 210–246.
Krüger, Lorenz: Wissenschaftliche Revolutionen und *Kontinuität* der Erfahrung. In: Neue Hefte für Philosophie 6/7 (1974), S. 1–26.
Lakatos, Imre: Falsifikation und die Methodologie wissenschaftlicher Forschungsprogramme. In: KUE S. 89–189.
Lejkin, E. G.: Zur Kritik der kumulativen Konzeptionen der Wissenschaftsentwicklung. In: *Kröber*, Günter/*Steiner*, Helmut (Hrsg.): Wissenschaft. Studien zu ihrer Geschichte, Theorie und Organisation. Berlin (DDR) 1972, S. 152–213.
Nagel, Ernest: The Structure of Science. Problems in the Logic of Scientific Explanation. London 1974.
Nowotny, Helga: On the Feasibility of a Cognitive Approach to the Study of Science. In: Zeitschrift für Soziologie 2 (1973) S. 282–296.
Popper, Karl R.: Die Normalwissenschaft und ihre Gefahren. In: KUE, S. 51–57.
Schäfer, Lothar/*Schnelle*, Thomas: Ludwik Flecks Begründung der soziologischen Betrachtungsweise in der Wissenschaftstheorie. Einleitung in: *Fleck*, Ludwig: Entstehung und Entwicklung einer wissenschaftlichen Tatsache. Frankfurt/M. 1980, S. VII–XLIX.
Scheffler, Israel: Vision and Revolution: A Postscript on Kuhn. In: Philosophy of Science 39 (1972), S. 366–374.
Shapere, Dudley: Meaning and Scientific Change. In: *Colodny*, Robert G. (Hrsg.): Mind and Cosmos. Pittsburgh 1966, S. 41–85.
Shimony, Abner: Comments on two Epistemological Theses of Thomas Kuhn. In: *Cohen*, Robert S. u.a. (Hrsg.): Essays in Memory of Imre Lakatos. Dordrecht/Boston 1976, S. 569–588.
Toulmin, Stephen: Kritik der kollektiven Vernunft. Frankfurt/M. 1978.
Weingart, Peter: Paradigmastruktur und wissenschaftliche Gemeinschaft – das Problem wissenschaftlicher Entwicklung. In: Wissensproduktion und soziale Struktur. Frankfurt/M. 1976; S. 33–92.
Wittich, Dieter: Die innere Logik der Philosophie Thomas S. Kuhns. In: WUR, S. 136–159.

27. Seit Mitte der sechziger Jahre gibt es in der Bundesrepublik eine breite und intensive Diskussion über die Wissenschaftstheorie der Literaturwissenschaft, die in relevanten Teilen mit dem Ziel einer »Verwissenschaftlichung der Literaturwissenschaft« geführt wird (vgl. die Übersicht von Danneberg/Müller). In dieser Diskussion taucht immer wieder das Kuhnsche »Paradigma« als zeitgemäßer topos auf.

Den Anfang hat H. R. Jauss mit dem Versuch gemacht, die Geschichte der Literaturwissenschaft seit der Renaissance als Abfolge von drei Paradigmen zu beschreiben: auf das Paradigma der normativen Kritik und Poetik ist demnach das nationalhistorische Paradigma gefolgt und diesem wiederum das der werkimmanenten Interpretation. Für die Gegenwart diagnostiziert Jauss (im Jahre 1969) das Aufscheinen eines neuen (der Zählung entsprechend: vierten) Paradigmas, mit dem eine Ära der Rezeptionsästhetik beginnen soll.

Ein zweites Beispiel für die Berufung auf Kuhns Paradigmakonzept ist das Programm der »Empirisierung« der Literaturwissenschaft. Die Vertreter dieses Programms berufen sich ausdrücklich auf Kuhn (vgl. Schmidt, S. 5) und seinen Paradigmabegriff:

»Diese *Empirisierungskonzeption* ist sicherlich ein vollgültiges *Beispiel* für das Kuhnsche *Konzept des Paradigmas*: denn sie *bedeutet* gegenüber der traditionellen hermeneutischen Literaturwissenschaft *sowohl eine Veränderung des Gegenstands- bzw. Problembereichs als auch der Methodik.* Und genau diese Verbindung von inhaltlichen Problemaspekten und methodologischen Kriterienaspekten wird vom Paradigmabegriff angezielt« (Groeben, S. 13).

Ein dritter anspruchsvoller und (im Hinblick auf das verwendete logische Instrumentarium) aufwendiger Ansatz wird gegenwärtig vor allem von H. Göttner vertreten. Die »klassischen« Konzeptionen der Wissenschaftstheorie geben Göttner zufolge nur wenig Auskunft über Aufbau und Funktion von Theorien in der Wissenschaft.

»Demgegenüber hat Th. S. Kuhn ein komplexeres und wohl angemesseneres Bild von wissenschaftlichen Theorien entworfen, und J. D. Sneed hat die Kuhnschen Vorstellungen mit Hilfe eines logisch-mengentheoretischen Apparats zu klären und zu explizieren versucht. Dieses komplexe und dennoch exakte Instrument kommt m. E. besonders den Humanwissenschaften zugute (obwohl es an der Physik entwickelt worden ist), denn es erlaubt, ihre theoretischen Strukturen genau zu erfassen, womit sich auch einige bei Kuhn implizierte hermeneutische Gedankengänge präziser neuformulieren lassen.« (Göttner, Kontroverse S. 107).

Mit Hilfe des von Sneed logisch-mengentheoretisch explizierten Kuhnschen Theoriebegriffs will H. Göttner die vorliegenden Literaturtheorien »rekonstruieren« und ihre impliziten logischen Zusammenhänge sichtbar machen.

Betrachtet man die Verwendungsweise des Paradigma-Begriffs in den erwähnten Konzeptionen, so fallen verschiedene Dinge ins Auge. *Zunächst* ist die enge Verbindung zwischen den Begriffen »Paradigma« und »Wechsel« bemerkenswert: vor allem bei Jauss, aber auch bei Groeben dient der Paradigma-Begriff offenbar in erster Linie zur Charakterisierung einer aktuellen Umbruchssituation in den theoretischen Grundlagen der Literaturwissenschaft. Entscheidend dabei ist aber, daß dieser Umbruch nicht so sehr beschrieben als *gefordert* wird. Dies kommt schließlich auch bei H. Göttner zum Ausdruck, die mit ihrer Rekonstruktionsarbeit ein doppeltes Ziel verfolgt:

»Es geht einerseits um die Beurteilung vorliegender Literaturtheorien unter logischen Kriterien, andererseits um die Bereitstellung der logischen Mittel für die Errichtung neuer Literaturtheorien. Ich bin mir dessen bewußt, daß ich hierbei vom deskriptiven Gebrauch der Wissenschaftstheorie zu ihrem präskriptiven Gebrauch übergehe [...] Die offenkundigen Mängel gegebener Literaturtheorien, die sich bei dieser Arbeit auftaten, waren der Anlaß dazu.« (Göttner, Bau S. 12)

Der Paradigma-Begriff, insbesondere in der Verbindung Paradigma*wechsel*, wird in den zitierten Zusammenhängen also weniger deskriptiv als präskriptiv oder besser vielleicht: proklamatorisch gebraucht. Er dient hier als eine Art wissenschaftstheoretisches Schibboleth für Theoretiker, die zu neuen Ufern vorstoßen möchten: hier scheint sich im Bereich der Literaturwissenschaft zu bestätigen, was R. J. Bernstein über den »Enthusiasmus« schrieb, mit dem sich amerikanische Sozialwissenschaftler auf Kuhns Paradigmabegriff beriefen (Bernstein S. 153–191).

Auffallend ist *zweitens*, wie uneinheitlich und auch unterminologisch der Paradigmabegriff in den verschiedenen Texten gebraucht wird. Während Jauss sehr umfassende Konzeptionen im Sinn hat, die über lange Zeiträume existiert haben und durchaus verschiedene Ansätze einschließen können, möchten S. J. Schmidt und H. Göttner von »Paradigma« nur in der Explikation von Sneed/Stegmüller sprechen (Schmidt S. 5). Hier zeigt sich offenbar erneut jene »übermäßige Formbarkeit«, die Kuhn seiner eigenen Konzeption und insbesondere dem Paradigmabegriff zugeschrieben hat (DEN 389; PS 186ff.).

Bevor auf diese uneinheitliche Verwendung des Paradigma-Begriffs näher eingegangen wird, muß noch auf eine *dritte* Gemeinsamkeit der angeführten Konzeptionen aufmerksam gemacht werden: sie alle beziehen den Begriff auf die Literatur*wissenschaft*, ohne seine Anwendbarkeit auf die Literaturproduktion selbst zu erwägen. Dabei hat Kuhn selbst in einer kleineren Arbeit aus dem Jahre 1969 die Möglichkeit erörtert, die zweite, »philosophisch tiefere« (PS 186f.) Bedeutung des Paradigmabegriffs (= Musterbeispiel, konkrete Problemlösung) auf bestimmte Aspekte der künstlerischen Entwicklung anzuwenden (DEN S. 446–460). Es hatte sich ja bereits in anderem Zusammenhang gezeigt (vgl. oben Abschnitt 7), daß Musterbeispiele ein keineswegs auf die Wissenschaft beschränktes Erkenntnismittel sind: auch wenn Hänschen im Zoo die häufigsten Wasservögel kennenlernt, erfolgt dieser Lernprozeß auf der Grundlage von Musterbeispielen; und es fragt sich, ob ähnliches nicht auch in der Kunst überall dort geschieht, wo ein bestimmtes Kunstwerk den Status eines akzeptierten Vorbildes einnimmt und auf diese Weise eine Tradition weiterer künstlerischer Arbeit begründet, die an ihm als einer »vorbildlichen künstlerischen Problemlösung« orientiert ist. Es ließe sich dann eine enge Analogie zwischen einer normalwissenschaftlichen Schule und einem künstlerischen Stil herstellen, auf die Kuhn selbst verwiesen hat: »In beiden Fällen erweist es sich als schwierig – mit scheint, letztlich unmöglich –, die Gemeinsamkeiten anzugeben, die einen Stil oder eine Theorie von anderen unterscheiden. Wegen dieser Schwierigkeiten habe ich darauf verwiesen, daß die Wissenschaftler von Paradigmen oder anerkannten Vorbildern lernen können, ohne die Elemente einer Theorie herausabstrahieren zu müssen. Läßt sich vielleicht etwas Entsprechendes über die Art sagen, wie Künstler durch die Untersuchung bestimmter Kunstwerke lernen?« (DEN 460) Ein literarischer (oder künstlerischer) Stil würde demnach dadurch konstituiert, daß eine Gruppe von Literaten sich an demselben Vorbild, d.h. an denselben poetischen Vorlagen orientiert und deren wesentliche Eigenschaften übernimmt.

Doch hier tauchen sofort auch die Probleme einer solchen Übertragung auf. Untersucht man z.B. die paradigmatische Rolle der Shakespearischen Dramen in der deutschen Literatur des 18. Jahrhunderts, so wird es schwerfallen, hier von einer direkten Übernahme »konkreter Problemlösungen« zu sprechen. Was etwa Goethe von Shakespeare »übernimmt«, sind nicht so sehr einzelne Konstruktionsschemata von dessen Dramen, sondern ist die Orientierung am Charakteristischen, Natürlichen und Wirklichen (in einem jeweils spezifischen Sinne); es handelt sich daher nicht um »konkrete Problemlösungen«, sondern – wenn man schon in der Terminologie der Kuhnschen disziplinären Matrix bleiben will – um »Werte«, die Goethe Shakespeare entlehnt. Wäre es anders gewesen, hätte Goethe sich bei seiner Dramenproduktion ähnlich an Shakespeare orientiert, wie er sich in seiner frühen Leipziger Lyrik auf die Anakreontik stützte, so würde er heute sicherlich als bloßer Epigone gelten. Mit einem Wort: die strenge Übernahme literarischer Vorbilder ist ein Kennzeichen epigonaler Literatur und der Begriff des Musterbeispiels scheint somit eher geeignet, Trivialisierungsprozesse in der Literatur zu beschreiben, als daß er ein begrifflicher Schlüssel zur Erhellung bedeutender poetischer Werke wäre. Bei aller Traditionsverbundenheit des literarischen Schaffens ist dessen Ziel letztendlich doch die Originalität und der Übernahme »konkreter literarischer Problemlösungen« sind daher enge Grenzen gesetzt.

Aus diesem Grunde ist wohl auch der von K. Eibl unternommene Versuch, die Kuhnschen Kategorien auf den Literaturprozeß selbst anzuwenden, eher skeptisch zu beurteilen. Eibl macht den Vorschlag, die wissenschaftstheoretischen Ansätze von Kuhn und Popper kombiniert in die Literaturwissenschaft zu übernehmen, »d.h. ›Normalliteratur‹ vornehmlich in Kategorien zu erfassen, die Kuhn auf die ›Normalwissenschaft‹ anwendet, literarische Evolution hingegen, Veränderungen, von der Seite Poppers anzugehen« (Eibl S. 76). In Entsprechung zu Kuhns disziplinärer Matrix führt Eibl dann den Begriff der »poetischen Matrix« ein, den er wie folgt definiert: »Poetische Matrix ist eine geordnete Menge von Regelmäßigkeitsannahmen, mittels welcher poetische Texte produziert und Texte poetisch rezipiert werden.« (S. 78) Mit Hilfe dieses Begriffs versucht Eibl dann, die traditionellen Kategorien der literarischen Gattung und Epoche neu zu beleuchten. Sieht man von der Frage ab, ob man mit der angedeuteten Kombination der Ansätze Kuhns und Poppers ihren jeweiligen Urhebern einen Gefallen tut, so erweist sich vor allem die Reduktion der »poetischen Matrix« auf »Regelmäßigkeitsannahmen« als fragwürdig: nicht umsonst umfaßt Kuhns Begriff der disziplinären Matrix eine Summe verschiedener Elemente, unter denen die Musterbeispiele eine hervorgehobene Rolle einnehmen. Eibls »poetische Matrix« wäre in ähnlicher Weise zu differenzieren, wenn dieser Begriff eine fruchtbare Explikation der Kategorien »Gattung« und »Epoche« ermöglichen soll; vor allem wäre die angedeutete Problematik literarischer Musterbeispiele zu klären, die Eibl ja von vornherein in Zusammenhang mit der von ihm »Normalliteratur« genannten Erscheinung setzt.

Wenn wir nun auf die skizzierten Versuche zurückkommen, den Paradigma-Begriff auf die Literatur*wissenschaft* anzuwenden, so zeigt sich trotz aller Uneinheitlichkeit eine übereinstimmende Tendenz, den Begriff »Paradigma« mit dem (allerdings unterschiedlich interpretierten) Begriff »Theorie« gleichzusetzen. Bei H. Göttner heißt es z.B.: »Ein Kuhnsches Paradigma besteht nicht nur aus einer Theorie, aber eine Theorie ist seine zentrale Komponente.« (Göttner, Bau S. 244) Auch wenn man einräumt, daß eine Theorie die zentrale Komponente eines Paradigmas ist, so bleibt doch nach den übrigen Komponenten zu fragen; doch diese tauchen bei Göttner überhaupt nicht mehr auf, so daß sich die Frage stellt, warum der Paradigma-Begriff überhaupt noch verwendet wird, wo auch der Theoriebegriff ausreichend zu sein scheint. Begnügt man sich mit einer solchen verkürzten Interpretation des Paradigma-Begriffs, oder beschränkt man sich auf die Addition methodischer Orientierungen, theoretischer Modelle etc., so bereitet eine Anwendung des Paradigmabegriffs auf die Literaturwissenschaft keinerlei Schwierigkeiten. Ausgehend von Kuhns Begriff der disziplinären Matrix können dann auch in den vorliegenden literaturwissenschaftlichen Konzeptionen problemlos die für sie konstitutiven Komponenten unterschieden werden:

(a) die größten Schwierigkeiten scheinen zunächst die *symbolischen Verallgemeinerungen* zu bieten; allerdings finden sich in jeder literaturwissenschaftlichen Theorie charakteristische grundlegende Prinzipien, die in ihnen eine analoge Rolle spielen wie etwa k = mb in der klassischen Mechanik; zu denken ist dabei z. B. an W. Diltheys Bestimmung von Poesie als dem Ausdruck des Erlebens ihres Schöpfers.

(b) Auch in der Literaturwissenschaft spielen *Modelle* eine bedeutende Rolle; so kann die Literaturproduktion auf der Basis eines Basis-Überbau-Modells (Marxismus) oder nach dem Modell eines Dialogs zwischen Literaturproduzent und -rezipient (Rezeptionsästhetik) interpretiert werden.

(c) Desgleichen kennt die Literaturtheorie bestimmte *Werte* wie z. B. Exaktheit oder Parteilichkeit, an denen die wissenschaftliche Arbeit sich orientiert.

(d) Schließlich finden wir in der Literaturwissenschaft auch die Kuhnschen *Musterbeispiele*, d. h. paradigmatische Anwendungen der Theorie; hier ist z. B. an W. Diltheys Goethe-Interpretation oder an F. Engels' Balzac-Deutung zu denken.

Bei einer solchen Interpretation wird allerdings die entscheidende Funktion, die dem Paradigma nach Kuhns Auffassung in den reifen Naturwissenschaften zukommt, unterschlagen: es ist die Funktion der Vereinheitlichung der auf einem bestimmten Forschungsgebiet tätigen Wissenschaftler. Der spezifische Sinn des Paradigmabegriffs erschließt sich bei Kuhn erst aus seinem Zusammenhang mit dem Konzept der Normalwissenschaft; anders gesagt: terminologisch wird der Paradigmabegriff bei Kuhn erst dort, wo er über die theoretische und methodische Seite hinaus eine *normative* Dimension bekommt.

28. Wird die Bedeutung dieser normativen Dimension des Paradigma-Begriffs erkannt, so ergeben sich sofort schwerwiegende Zweifel an seiner Anwendbarkeit auf die Literaturwissenschaft. Als eine Disziplin, die es (noch?) nicht vermocht hat, den »Übergang zur Reife« (SWR 190) zu vollziehen, weist die Literaturwissenschaft nicht jene für den Erfolg und den Fortschritt der Erkenntnis so bedeutungsvolle normalwissenschaftliche Tätigkeit auf, die (nach Kuhn) die Naturwissenschaften auszeichnet. Wenngleich es auch in der »proto-wissenschaftlichen« Entwicklungsphase bereits

Paradigmen geben mag (SWR 11; PS 190), so gewinnt der Paradigmabegriff doch erst in dem Augenblick seine volle Bedeutung, wo er auf Theorien angewandt wird, die in ihrer Disziplin die unumschränkte Alleinherrschaft errungen haben; d.h. auf Theorien, die intersubjektive Gültigkeit erlangt und damit den Übergang zur normalen Wissenschaft möglich gemacht haben. Aus diesem Grunde ist zwar eine Anwendung des Paradigmabegriffs auf die Literaturwissenschaft (oder andere Kultur- und Sozialwissenschaften) ohne weiteres möglich; doch geht dabei (meist unbemerkt) die Spezifik, die dieser Begriff in Kuhns Wissenschaftstheorie besitzt, verloren: er wird identisch mit dem Begriff »Theorie« oder mit einer Kombination von Theorie und Methode und ist damit nicht mehr als ein wohlklingender neuer Ausdruck für eine altbekannte Sache. Die Voraussetzungen für eine streng terminologische Anwendung des Paradigmabegriffs auf die Literaturwissenschaft sind daher nicht gegeben:

- die Literaturwissenschaft weist nicht den mono-paradigmatischen Zustand auf, der (nach Kuhn) die entscheidende Voraussetzung für die den unvergleichlichen Erfolg der Naturwissenschaften ermöglichende normale Wissenschaft ist.
- In der Literaturwissenschaft existiert nicht die einheitliche wissenschaftliche Gemeinschaft, die von der übrigen Gesellschaft wirksam isoliert ist und ihrer fachlichen Tätigkeit daher autonom nachgehen kann.
- Nirgends gibt es in der Literaturwissenschaft eine fachliche Sozialisation, deren Inhalt und Strenge sich mit der naturwissenschaftlichen Ausbildung vergleichen ließe.
- Die Literaturwissenschaft kennt auch nicht die Beschränkung auf »esoterische« Detailprobleme, sondern strebt theoretische Neuerungen und originelle Entwürfe an.

Dieser Liste (die noch erweitert und präzisiert werden könnte) kann nun entgegengehalten werden, daß sie lediglich den *faktischen Zustand* der Literaturwissenschaft beschreibe, ohne daß daraus schon die Schlußfolgerung gezogen werden könne, dieser Zustand sei befriedigend oder notwendig. Im Gegenteil: vielen Bemühungen um eine wissenschaftstheoretische Analyse der Literaturwissenschaft liegt eine Unzufriedenheit mit deren gegenwärtigem Zustand zugrunde und mit dieser Analyse verbindet sich die Hoffnung, diesen Zustand beenden und den Übergang zur »Reife« auch in dieser Disziplin vollziehen zu können.

Es liegt auf der Hand, daß die Forderung nach theoretischer »Reife« in der Literaturwissenschaft (wie in den Kultur- und Sozialwissenschaften überhaupt) voraussetzt, daß eine solche

»Reife« in dieser Disziplin *möglich* ist. Und in der Tat scheint es für die Protagonisten dieser Forderung ausgemacht zu sein, daß es keine in der »Natur« (d.h. im Gegenstand, in der erkenntnistheoretischen Struktur und in der Funktion) der Literaturwissenschaft liegende Hindernisse gibt, die einen solchen Übergang zur Reife prinzipiell verhindern. In der vorliegenden Arbeit kann und soll diese Annahme nicht problematisiert werden, weil damit eine Auseinandersetzung mit einer ebenso umfangreichen wie kontroversen Literatur über das Verhältnis von Natur- und »Geistes«wissenschaften erfordert wäre (vgl. den neuen und originellen Ansatz von Bhaskar in dieser Debatte). An dieser Stelle kann es nur darum gehen, den Beitrag der Kuhnschen Wissenschaftstheorie zu dieser Problematik darzustellen. Es wird sich dabei herausstellen, daß die nicht nur von vielen Kultur- und Sozialwissenschaftlern (die sich des Kuhnschen Modells bedienen, um ihm Hinweise darüber entnehmen zu können, wie ihre Disziplinen theoretische Reife erreichen können), sondern auch von Kuhn selbst vertretene Auffassung, daß die Naturwissenschaften einen normativen Standard der Wissenschaftlichkeit darstellen, im Rahmen der Kuhnschen Theorie *nicht* begründet werden kann. Kuhns Theorie bietet nämlich überhaupt keine Erklärung dafür, worauf die »Reife« der Naturwissenschaften beruht: alle Hinweise auf die Existenz der normalen Wissenschaft, die Kuhn immer wieder als Erklärung für den besonderen Erfolg der Naturwissenschaften anführt, beziehen sich auch lediglich auf den faktischen Zustand dieser Disziplin. Um die paradigmatische Rolle der Naturwissenschaften und die Vorbildlichkeit der in ihr erzielten »Reife« zu *begründen*, müßten die erkenntnistheoretischen Voraussetzungen dieser Reife aufgedeckt werden. Genau das aber leistet Kuhns Wissenschaftstheorie nicht.

Betrachtet man jene Passagen in den verschiedenen Arbeiten Kuhns etwas genauer, in denen er sich mit dem Übergang zur »Reife« befaßt, so fällt zunächst auf, daß seine Ausführungen zu diesem nicht eben unwichtigen Problem nicht nur äußerst spärlich, sondern auch äußerst vage sind. Seine Formulierungen legen jedoch nahe, sich den fraglichen Übergang als eine Art Übereinkunft zwischen den beteiligten Wissenschaftlern vorzustellen: so ist z.B. von der »Annahme eines Paradigmas« (SWR 33) durch die wissenschaftliche Gemeinschaft die Rede. Es handelte sich demnach um eine *Konvention*, durch die sich die beteiligten Forscher darauf einigen, einen der zur Verfügung stehenden Kandidaten als gemeinsame Basis ihrer wissenschaftlichen Arbeit anzunehmen. Eine solche konventionalistische Deutung des Übergangs zur Reife ist Kuhn nicht nur von seinen Kritikern unterstellt, sondern ist auch von sozialwissenschaftlichen Protagonisten Kuhns aus den entsprechenden Passagen herausgelesen worden (vgl. Bernstein S. 171). Kuhn selbst hat diese Interpretation auf ein prinzipielles Mißverständnis seiner Intentionen und Ansichten zurückgeführt:

»Wenn manche Sozialwissenschaftler, wie Feyerabend behauptet, von mir die Ansicht übernehmen, daß sie den Status ihres Faches dadurch verbessern können, daß sie zunächst durch Gesetzgebung Einigkeit in Bezug auf die Grundlagen herbeiführen und dann zum Rätsellösen übergehen, so mißdeuten diese Sozialwissenschaftler arg meinen Gedankengang. Ein Satz, den ich einst in einer Diskussion über die spezielle Wirksamkeit der mathematischen Theorien benützt hatte, gilt mit demselben Recht auch hier: ›Wie in der individuellen Entwicklung so kommen auch in einer wissenschaftlichen Gruppe diejenigen am sichersten zur Reife, die wissen, wie sie warten sollen.‹ Glücklicherweise erlangen manche Fachgebiete den Übergang zur Reife, obwohl keine Vorschrift dies zu erzwingen vermag« (BMK 237).

Es fragt sich allerdings, ob die beklagten Mißdeutungen nicht von Kuhn selbst provoziert sind. Betrachten wir nur die zitierte Richtigstellung: der Übergang zur Reife soll also dort am sichersten sein, wo man zu warten weiß – doch worauf? Wir erfahren es in diesem Text ebensowenig, wie wir es in SWR erfahren haben; und schließlich muß Kuhn noch das *Glück* bemühen, damit »manche Fachgebiete« den Übergang zur Reife schaffen. Der Verdacht, daß die Vagheit der Kuhnschen Formulierungen an diesem doch so entscheidenden Punkt, tiefere Ursachen hat, wird durch andere Passagen bestätigt: Die Wahl eines Paradigmas, so heißt es, sei keineswegs beliebig, denn »die Natur läßt sich nicht in eine Reihe von willkürlichen begrifflichen Schachteln hineinzwängen. Im Gegenteil, die Geschichte der Proto-Wissenschaft zeigt, daß die Normalwissenschaft nur mit sehr speziellen Schachteln möglich ist« (BMK 255); und an anderer Stelle heißt es, mit dem Übergang zur Reife ändere sich »nicht das Vorhandensein eines Paradigmas, sondern vielmehr seine Natur« (PS 190). Aber worin besteht diese Natur? Und worauf beruht die Spezifik jener »Schachteln«, die eine normalwissenschaftliche Forschung ermöglichen? Nirgends finden wir bei Kuhn präzise Antworten auf diese Fragen.

Kuhns Unvermögen, die Spezifik jener »Schachteln« anzugeben, die eine normalwissenschaftliche Forschung ermöglichen, muß auf seine philosophische Position, d.h. auf seine bereits dargestellte (vgl. oben Abschnitt 24) Tendenz zur Eliminierung des Gegenstandsbezuges der Erkenntnis, zurückgeführt werden. Eine naheliegende Erklärung dafür, daß nur bestimmte Paradigmen den Übergang zur Reife ermöglichen, wäre mit der

Annahme gegeben, daß diese Paradigmen den tatsächlichen Strukturen des jeweiligen Forschungsgegenstandes näher kommen als ihre Konkurrenten, damit eine erfolgreiche Praxis der normalen Wissenschaft ermöglichen und deshalb auch schließlich von den beteiligten Wissenschaftlern als Grundlage ihrer Arbeit akzeptiert werden. Die Intersubjektivität, die sich auf der Basis dieser »sehr speziellen Schachteln« einstellt, wäre dann in letzter Instanz auf ihre relative Übereinstimmung mit der Realität zurückzuführen. Kuhn hat eine solche Interpretation stets zurückgewiesen und bestritten, daß es möglich sei, eine Theorie mit ihrem Gegenstück in der Natur zu vergleichen (PS 217f.; BMK 256f.), mit der Folge allerdings, daß er sich der Möglichkeit begibt, die erkenntnistheoretischen Voraussetzungen für einen Übergang zur Reife klären zu können. Wenn er nämlich inhaltliche Eigenschaften der Paradigmen (d.h. ihre relative Übereinstimmung mit dem Gegenstand) nicht in Betracht ziehen will und auch die konventionalistische Deutung des Übergangs zur Reife (die beteiligten Wissenschaftler einigen sich per Beschluß auf ein gemeinsames Paradigma) ablehnt, dann muß er eine Erklärung dieses Übergangs notwendig schuldig bleiben; es bleibt ihm bestenfalls der Hinweis auf den faktischen Umstand, *daß* einige Fachgebiete diesen Übergang »glücklicherweise« (BMK 237) geschafft haben. Anders ausgedrückt: die Intersubjektivität der normalen Wissenschaft wird von Kuhn nicht *erklärt*, sondern in den »reifen« Disziplinen als gegeben *vorausgesetzt*.

29. Das Problem der Voraussetzungen der Reife in den Naturwissenschaften betrifft unmittelbar die Frage der Übertragbarkeit des Kuhnschen Wissenschaftsmodells auf die Kultur- und Sozialwissenschaften. Wenn dieses Modell nämlich die Voraussetzungen der Reife nicht einmal für die Disziplinen anzugeben vermag, die den Übergang schon vollzogen haben, wie soll es dann die fraglichen Voraussetzungen für jene Wissenschaften erklären können, die diesen Übergang noch vor sich haben? Vor einer fruchtbaren Anwendung des Kuhnschen Modells auf die Kultur- und Sozialwissenschaften müßten drei Probleme geklärt sein: Zunächst wäre das Problem der Reife und ihrere Voraussetzungen *begrifflich* zu lösen. Zweitens wäre zu begründen, warum der für die Naturwissenschaften charakteristische Typ der Reife ein Ideal darstellen soll, das jede Wissenschaft anzustreben hat; es liegt ja keineswegs apriori fest, daß Intersubjektivität und normale Wissenschaft (in Kuhns Sinne) absolute Werte darstellen, deren Realisierung auch in den Kultur- und Sozialwissenschaften *wünschenswert* ist. Drittens schließlich müßte die Frage beantwortet werden, ob ein den Naturwissenschaften vergleichbarer Zustand der Reife in den Kultur- und Sozialwissenschaften überhaupt *möglich* ist; auch diese Möglichkeit steht ja keineswegs von vornherein fest, denn es könnte durchaus nicht-eliminierbare Besonderheiten dieser Disziplinen

geben, die in ihrem Gegenstand und in ihrer sozialen Funktion begründet sind.

Der letzte Punkt ist der entscheidende; denn ob das naturwissenschaftliche Ideal der Reife in den Kultur- und Sozialwissenschaften angestrebt werden sollte oder nicht, läßt sich natürlich erst dann sinnvoll diskutieren, wenn gute Gründe für die Annahme vorliegen, daß dieses Ideal in diesen Disziplinen tatsächlich erreichbar ist. Ich möchte daher im folgenden einige Überlegungen zur Frage der Gegenstandsspezifik in den Kultur- und Sozialwissenschaften entwickeln und damit ein Problem aufgreifen, das in Kuhns Wissenschaftstheorie aufgrund seiner philosophischen Position keinen Platz hat, das aber für die Frage der Besonderheit dieser Disziplinen von entscheidender Bedeutung ist. Mein Ziel dabei ist zu zeigen, daß die Kuhnsche Wissenschaftstheorie vor allem deshalb kein auf die Kultur- und Sozialwissenschaften fruchtbar anwendbares Konzept ist, weil sie die gegenständlich-inhaltliche Dimension aus der Analyse ausschaltet und deshalb auch nicht in der Lage ist, ein angemessenes Verständnis für die unterschiedlichen ontologischen und erkenntnistheoretischen Voraussetzungen der Naturwissenschaften einerseits und der Kultur- und Sozialwissenschaften andererseits zu liefern.

Schon eine knappe Skizze der ontologischen Differenzen zwischen Natur und Gesellschaft zeigt, daß die Kultur- und Sozialwissenschaften (hier speziell: die Literaturwissenschaft) es mit einem komplexeren und inhomogeneren Gegenstand zu tun haben als die Naturwissenschaften:

(a) Wie die Praxis der Naturwissenschaften zeigt, kann die Natur erfolgreich in kleine und relativ voneinander isolierte Sektoren aufgegliedert werden, so daß eine »stückweise« Erforschung ihres Gesamtzusammenhanges möglich wird; obgleich z.B. alle Lebewesen den von der Physik formulierten Gesetzen unterliegen, kann Biologie über weite Strecken ohne Bezugnahme auf Physik betrieben werden; darüber hinaus haben die Naturwissenschaften im Experiment eine Technik zur Verfügung, die es ihnen ermöglicht, ihr jeweiliges Untersuchungsobjekt aus seinen Wechselwirkungsbeziehungen zu anderen Objekten herauszulösen und so »in Reinheit« zu studieren. Die Kultur- und Sozialwissenschaften verfügen über solche Techniken der Isolierung ihrer Untersuchungsobjekte nur in sehr eingeschränktem Maße; sie können ihre Objekte in der Regel nicht experimentell (d.h. praktisch-real) isolieren, sondern nur durch Abstraktion (d.h. gedanklich-theoretisch); der Literaturwissenschaftler kann ein von ihm untersuchtes Stück Literatur nicht absolut »für sich« betrachten, sondern muß zahlreiche Wechselbeziehungen dieses Stücks Literatur mit den gesellschaftlichen Bedingungen seiner Entstehung, mit der Psychologie seines Autors etc. berücksichtigen. Während der Naturwissenschaftler daher stets ein festumrissenes »Stück« Natur vor sich hat, ist der Kultur- und Sozialwissenschaftler in gewisser Weise immer mit der Gesamtheit von Kultur und Gesellschaft konfrontiert.

(b) Obwohl auch die Natur ihre Geschichte hat, gehen die Veränderungen hier – gemessen an der Geschichte der Menschheit – äußerst langsam vor sich; in weiten Bereichen der Naturwissenschaften (ausgenommen z.B. die Geologie, Teile der Biologie oder der Kosmologie) können die Forschungsgegenstände daher als stabil angesehen werden. In den Kultur- und Sozialwissenschaften ist dies offenkundig nicht der Fall: die historische Dimension des Gegenstandes ist nicht eliminierbar. Dabei wirft nicht so sehr die Allgegenwart von Veränderungen als solche Probleme auf, als vielmehr der Typ der Veränderung: geschichtliche Veränderungen haben ihre Besonderheit darin, daß sie irreversibel und unwiederholbar sind. Die Erkenntnissicherheit, die die experimentelle Methode in den Naturwissenschaften bietet, beruht aber gerade darauf, daß sie sich auf die Untersuchung solcher Prozesse beschränkt, die (zumindest im Prinzip) unter gleichen Bedingungen wiederholbar sind.

(c) Die Naturwissenschaften haben es ausschließlich mit materiellen Dingen und Prozessen, sowie mit den Wechselwirkungen zwischen materiellen Dingen und Prozessen zu tun; alle Untersuchungsobjekte der Naturwissenschaften gehören damit »einer Ordnung« an. Gesellschaftliche Phänomene weisen demgegenüber stets eine materielle und eine ideelle Dimension auf, sowie komplizierte Wechselbeziehungen zwischen beiden Dimensionen; jede Forschung im Bereich der Kultur- und Sozialwissenschaften führt daher auf das Problem der Struktur dieser Wechselbeziehungen, insbesondere auf die Frage, welcher Dimension in dieser Wechselbeziehung der Primat zukommt. Sind z.B. die treibenden Kräfte der Literaturproduktion in den objektiv-realen gesellschaftlichen Verhältnissen zu lokalisieren, im schöpferischen Genie des Literaturproduzenten oder im jeweils herrschenden Zeitgeist? Die Frage nach dem Primat in der Wechselbeziehung zwischen materieller und ideeller Dimension ist durch Experiment oder Logik nicht entscheidbar; es handelt sich um eine philosophische Frage, die so lange umstritten ist, wie es Philosophie gibt. In den Naturwissenschaften stellt sie sich nicht und kann die Herstellung von Intersubjektivität daher auch nicht behindern; in den Kultur- und Sozialwissenschaften dagegen ist ihre Beantwortung unausweichlich und Intersubjektivität daher um so schwerer zu erzielen.

(d) Eine weitere wesentliche und folgenreiche Besonderheit der Sozialwissenschaften resultiert aus der spezifischen Struktur der Subjekt-Objekt-Beziehung, die hier herrscht. In den Naturwissenschaften stehen Subjekt und Objekt zwar in einer Wechselbeziehung, doch sind beide dennoch eindeutig voneinander unterschieden; in den Kultur- und Sozialwissenschaften hingegen ist eine solche Unterscheidung insofern nicht möglich, als die erkennenden Subjekte selbst Teil des Objekts sind, das sie erkennen wollen. Der Soziologe, der die Sozialstruktur der Gesellschaft untersucht, untersucht einen sozialen Zusammenhang, dem er selbst angehört; und selbst wenn er eine fremde Gesellschaft oder ein ihm fernstehendes soziales Phänomen analysiert, so ist er immer noch indirekt und potentiell betroffen. Die Folge dieser spezifischen Subjekt-Objekt-Dialektik ist eine Interessenvermitteltheit aller kultur- und sozialwissenschaftlichen Forschung, die in den Naturwissenschaften kein Gegenstück hat. Betrachten wir z.B. die Literaturwissenschaft: wenn wir ein literarisches Werk der Vergangenheit interpretieren und seine Entstehungsbedingungen analysieren, so ist unser Ziel nur in einem vordergründigen Sinne die objektive Feststellung eines geschichtlichen Tatbestandes; die Literatur der Vergangenheit interessiert uns nicht um ihrer selbst willen, als historisches Faktum (das sie auch ist), sie gewinnt für uns vielmehr erst in dem Maße an Interesse, wie wir *uns* in ihr wiedererkennen. Die objektive Feststellung eines historischen Tatbestandes ist in der Literaturwissenschaft gewissermaßen nur das Mittel, das uns in die Lage versetzen soll, uns einen literarischen Text der Vergangenheit dadurch anzueignen, daß wir ihn *auch auf unsere heutigen Probleme* beziehen lernen; und in diesem Sinne ist das Subjekt der literaturwissenschaftlichen Erkenntnis in ihrem Objekt stets gegenwärtig. Es liegt auf der Hand, daß eine den Naturwissenschaften entsprechende Objektivität (die ja gerade die Abstraktion von allen subjektiven Bezügen voraussetzt) in der Literaturwissenschaft nicht nur faktisch nicht gegeben ist, sondern ihrer sozialen Funktion widersprechen würde.

Betrachtet man diese Skizze von Besonderheiten der Kultur- und Sozialwissenschaften in ihrer Gesamtheit, so liegt die Schlußfolgerung auf der Hand, daß in diesen Disziplinen nicht nur der Forschungsprozeß eine andere Struktur annimmt als in den Naturwissenschaften, sondern daß auch die Herstellung von Intersubjektivität schwieriger ist. Damit aber entfällt die entscheidende Voraussetzung für einen möglichen Übergang zur normalen Wissenschaft und damit zur »Reife«. Im Rahmen der vorliegenden Überlegungen kann kein Versuch zur Beantwortung der Frage unternommen werden, ob die Besonderheiten der Kultur- und Sozialwissenschaften es *prinzipiell* nicht zulassen, daß in diesen Disziplinen ein Grad von Intersubjektivität und ein Typ von rätsellösender Tätigkeit erreicht wird, der sie mit der »Reife« der Naturwissenschaften vergleichbar machen würde (vgl. dazu Blaskov). Diese Frage ist Gegenstand einer intensiven und lang anhaltenden Debatte zwischen verschiedenen philosophischen und wissenschaftstheoretischen Positionen. Für unseren Zusammenhang ist allein entscheidend, daß die Wissenschaftskonzeption Kuhns zur Beantwortung dieser Frage keinen Beitrag zu leisten vermag. Indem Kuhn den Gegenstandsbezug der wissenschaftlichen Erkenntnis aus seiner Theorie eliminiert, vermag er die grundlegende Frage nach den Besonderheiten der Gegenstände unterschiedlicher Disziplinen und Disziplingruppen und die Frage nach den durch diese Besonderheit bedingten Unterschieden in der Struktur der Forschungsprozesse und im Geltungsstatus ihrer Ergebnisse nicht einmal mehr zu stellen, geschweige denn zu beantworten.

Literatur

Bernstein, Richard J.: Restrukturierung der Gesellschaftstheorie, Frankfurt/M. 1979.

Bhaskar, Roy: Über die Möglichkeit sozialwissenschaftlicher Erkenntnis und die Grenzen des Naturalismus. In: Dialektik. Beiträge zu Philosophie und Wissenschaften Bd. 1, hrsgg. von Bernhart *Heidtmann*, Köln 1980; S. 81–108.

Danneberg, Lutz/*Müller*, Hans-Harald: Verwissenschaftlichung der Literaturwissenschaft. Ansprüche, Strategien, Resultate. In: Zeitschrift für allgemeine Wissenschaftstheorie X/1 (1979); S. 162–191.

Eibl, Karl: Kritisch-rationale Literaturwissenschaft. München 1976.

Göttner, Heide/*Jakobs*, Joachim: Der logische Bau von Literaturtheorien. München 1976.

Göttner, Heide: Zur Kontroverse um eine Logik der Interpretation. In: *Nassen*, Ulrich (Hrsg.): Studien zur Entwicklung einer materialen Hermeneutik. München 1979, S. 101–119.

Groeben, Norbert: Rezeptionsforschung als empirische Literaturwissenschaft. 2. Aufl., Tübingen 1980.

Jauss, Hans Robert: Paradigmawechsel in der Literaturwissenschaft. In: Linguistische Berichte H. 3/1969, S. 44–56.

Schmidt, Siegfried J.: Grundriß der empirischen Literaturwissenschaft. Bd. 1, Braunschweig/Wiesbaden 1980.

M 55 Röhrich *Sage*
M 56 Catholy *Fastnachtspiel*
M 57 Siegrist *Albrecht von Haller*
M 58 Durzak *Hermann Broch*
M 59 Behrmann *Einführung in die Analyse von Prosatexten*
M 60 Fehr *Jeremias Gotthelf*
M 61 Geiger *Reise eines Erdbewohners i. d. Mars. Faksimiledruck*
M 62 Pütz *Friedrich Nietzsche*
M 63 Böschenstein-Schäfer *Idylle*
M 64 Hoffmann *Altdeutsche Metrik*
M 65 Guthke *Gotthold Ephraim Lessing*
M 66 Leibfried *Fabel*
M 67 von See *Germanische Verskunst*
M 68 Kimpel *Der Roman der Aufklärung (1670–1774)*
M 69 Moritz *Andreas Hartknopf. Faksimiledruck*
M 70 Schlegel *Gespräch über die Poesie. Faksimiledruck*
M 71 Helmers *Wilhelm Raabe*
M 72 Düwel *Einführung in die Runenkunde*
M 73 Raabe *Einführung in die Quellenkunde*
M 74 Raabe *Quellenrepertorium*
M 75 Hoefert *Das Drama des Naturalismus*
M 76 Mannack *Andreas Gryphius*
M 77 Straßner *Schwank*
M 78 Schier *Saga*
M 79 Weber-Kellermann *Deutsche Volkskunde*
M 80 Kully *Johann Peter Hebel*
M 81 Jost *Literarischer Jugendstil*
M 82 Reichmann *Germanistische Lexikologie*
M 83 Haas *Essay*
M 84 Boeschenstein *Gottfried Keller*
M 85 Boerner *Tagebuch*
M 86 Sjölin *Einführung in das Friesische*
M 87 Sandkühler *Schelling*
M 88 Opitz *Jugendschriften. Faksimiledruck*
M 89 Behrmann *Einführung in die Analyse von Verstexten*
M 90 Winkler *Stefan George*
M 91 Schweikert *Jean Paul*
M 92 Hein *Ferdinand Raimund*
M 93 Barth *Literarisches Weimar. 16.–20. Jh.*
M 94 Könneker *Hans Sachs*
M 95 Sommer *Christoph Martin Wieland*
M 96 van Ingen *Philipp von Zesen*
M 97 Asmuth *Daniel Casper von Lohenstein*
M 98 Schulte-Sasse *Literarische Wertung*
M 99 Weydt *H. J. Chr. von Grimmelshausen*
M 100 Denecke *Jacob Grimm und sein Bruder Wilhelm*
M 101 Grothe *Anekdote*
M 102 Fehr *Conrad Ferdinand Meyer*
M 103 Sowinski *Lehrhafte Dichtung des Mittelalters*
M 104 Heike *Phonologie*
M 105 Prangel *Alfred Döblin*
M 106 Uecker *Germanische Heldensage*
M 107 Hoefert *Gerhart Hauptmann*
M 108 Werner *Phonemik des Deutschen*

M 109 Otto *Sprachgesellschaften des 17. Jh.*
M 110 Winkler *George-Kreis*
M 111 Orendel *Der Graue Rock (Faksimileausgabe)*
M 112 Schlawe *Neudeutsche Metrik*
M 113 Bender *Bodmer / Breitinger*
M 114 Jolles *Theodor Fontane*
M 115 Foltin *Franz Werfel*
M 116 Guthke *Das deutsche bürgerliche Trauerspiel*
M 117 Nägele *J. P. Jacobsen*
M 118 Schiller *Anthologie auf das Jahr 1782 (Faksimileausgabe)*
M 119 Hoffmeister *Petrarkistische Lyrik*
M 120 Soudek *Meister Eckhart*
M 121 Hocks / Schmidt *Lit. u. polit. Zeitschriften 1789–1805*
M 122 Vinçon *Theodor Storm*
M 123 Buntz *Die deutsche Alexanderdichtung des Mittelalters*
M 124 Saas *Georg Trakl*
M 126 Klopstock *Oden und Elegien (Faksimileausgabe)*
M 127 Biesterfeld *Die literarische Utopie*
M 128 Meid *Barockroman*
M 129 King *Literarische Zeitschriften 1945–1970*
M 130 Petzoldt *Bänkelsang*
M 131 Fischer *Karl Kraus*
M 132 Stein *Epochenproblem »Vormärz« (1815–1848)*
M 133 Koch *Das deutsche Singspiel*
M 134 Christiansen *Fritz Reuter*
M 135 Kartschoke *Altdeutsche Bibeldichtung*
M 136 Koester *Hermann Hesse*
M 138 Dietz *Franz Kafka*
M 140 Groseclose / Murdoch *Ahd. poetische Denkmäler*
M 141 Franzen *Martin Heidegger*
M 142 Ketelsen *Völkisch-nationale und NS-Literatur*
M 143 Jörgensen *Johann Georg Hamann*
M 144 Schutte *Lyrik des deutschen Naturalismus (1885–1893)*
M 145 Hein *Dorfgeschichte*
M 146 Daus *Zola und der französische Naturalismus*
M 147 Daus *Das Theater des Absurden*
M 148 Grimm u. a. *Einführung in die frz. Lit.wissenschaft*
M 149 Ludwig *Arbeiterliteratur in Deutschland*
M 150 Stephan *Literarischer Jakobinismus in Deutschland*
M 151 Haymes *Das mündliche Epos*
M 152 Widhammer *Literaturtheorie des Realismus*
M 153 Schneider *A. v. Droste-Hülshoff*
M 154 Röhrich-Mieder *Sprichwort*
M 155 Tismar *Kunstmärchen*
M 156 Steiner *Georg Forster*
M 157 Aust *Literatur des Realismus*
M 158 Fähnders *Proletarisch-revolutionäre Literatur*
M 159 Knapp *Georg Büchner*
M 160 Wiegmann *Geschichte der Poetik*
M 161 Brockmeier *François Villon*
M 162 Wetzel *Romanische Novelle*
M 163 Pape *Wilhelm Busch*
M 164 Siegel *Die Reportage*
M 165 Dinse / Liptzin *Jiddische Literatur*